小学生学习习惯培养方案

黄 波◎著

中国轻工业出版社

图书在版编目(CIP)数据

小学生学习习惯培养方案/黄波著.—北京：中国轻工业出版社，2014.12（2022.10重印）
ISBN 978-7-5019-9922-4

Ⅰ.①小… Ⅱ.①黄… Ⅲ.①小学生–学习方法
Ⅳ.①G622.46

中国版本图书馆CIP数据核字（2014）第215936号

保留所有权利。非经中国轻工业出版社"万千教育"书面授权，任何人不得以任何方式（包括但不限于电子、机械、手工或其他尚未被发明或应用的技术手段）复印、拍照、扫描、录音、朗读、存储、发表本书中任何部分或本书全部内容，以及其他附带的所有资料（包括但不限于光盘、音频、视频等）。中国轻工业出版社"万千教育"未授权任何机构提供源自本书内容的电子文件阅览、收听或下载服务。如有此类非法行为，查实必究。

总 策 划：石　铁
策划编辑：孔胜楠　　　　　责任终审：杜文勇
责任编辑：孔胜楠　　　　　责任监印：刘志颖

出版发行：中国轻工业出版社（北京东长安街6号，邮编：100740）
印　　刷：三河市鑫金马印装有限公司
经　　销：各地新华书店
版　　次：2022年10月第1版第5次印刷
开　　本：710×1000　1/16　印张：16.25
字　　数：160千字
印　　数：11001—13000
书　　号：ISBN 978-7-5019-9922-4　定价：35.00元
读者热线：010-65181109，65262933
发行电话：010-85119832　传真：010-85113293
网　　址：http://www.chlip.com.cn　http://www.wqedu.com
电子信箱：1012305542@qq.com
如发现图书残缺请与我社联系调换
141042Y1X101ZBW

前　言

教育是什么？

很多教师会对这个问题嗤之以鼻：我天天都在做教育工作，还问我教育是什么？

你确定你天天做的那些工作是教育吗？或者，你做的是哪一种教育呢？

网络上曾疯传一篇关于教育的文章，叫"两个老师的较量"，大意是这样的：

某国家级重点中学高三年级有两个重点班。

开学第一节班会课上，老资格的高级教师黄老师面目慈祥地站在一班的讲台上说："同学们，明年你们就要站起来接受祖国的挑选了，希望大家努力学习，把握这来之不易的学习机会，以优异的成绩接受祖国和人民的挑选。当然了，如果高考失利，那也没什么关系，条条大路通罗马，在平凡的岗位上，我们照样可以做出不平凡的事业。"

二班的学生走进教室时，刚从师范毕业的文老师已经在那里等候多时了。每个人的座位都被指定好了，教室前排放着一辆轿车模型，后排放着一辆自行车模型。文老师指着最后一排和最前一排的两个学生说："余强、林可，请你们想象一下，如果余强骑着自行车和开着'大奔'的林可在高速公路上相遇了，那么，谁应该给谁让路？"

余强和林可不知如何回答。"你们回答不出是吧，我来告诉你们答案。余强应该给林可让路，为什么呢？因为高速公路是为汽车修建的，你一个骑自行车的，没有资格在这条路上奔跑。这虽然是想象，但有一天可能就是事实，它可能发生在二班每一个人的身上！显然，骑自行车的是高考中的失败者，开'大奔'的是高考中的胜利者！"

教室里鸦雀无声。文老师又说："请原谅我不给有些同学面子，我对座位排列的标准是，成绩好的坐前面，成绩差的坐后面。当然，如果你想坐到前面，离这辆'大奔'近点，你就必须战胜一个个对手，让他们灰溜溜地坐到后排的自行车旁边去。"

高考结果出来了，二班以绝对优势战胜了一班，全班56人，55人过线，唯有余强一人名落孙山，上全国重点大学的有32人，而一班虽然也只有高峰一人落榜，但过重点线的只有10人。

那届学生毕业10年的聚会上，二班的学生大出风头。不少人是开着"大奔"来的。林可已官至副县长，陆彩霞是一家上市公司的副总，梅林读了博士后，是专程从美国赶过来的。而一班最大的官杨柳，是某报社的编辑部主任，发小财的有几人，真正意义上的"大款"一个也没有，不少同学是骑着自行车从城市的四面八方赶来的。

二班的落榜生余强没有来，他说他没有混出名堂，羞于来参加聚会。他发誓他会开着"大奔"来参加下一个聚会。一班的落榜生高峰来了，他是骑着自行车来的，还调侃着说这辈子和自行车是干上了———他开了个自行车修理铺。

5年之后，又到了聚会的时候。二班的学生中，有三个人没有来：一个是林可，身为副市长的他，为了确保坐上市长的位置，竟然买凶杀害了另外一位副市长，现已被拘留审查；一个是陆彩霞，她因为窃取另外一家公司的核心技术机密触犯了法律，进了监狱；还有一个是余强，在这5年里，他左突右奔，还是没有出人头地，连个"大奔"的司机也没混上，他焦虑愤恨，住进了精神病院。

一班有两个人没有来：一个是杨柳，年初，这位刚正不阿的大记者，因为曝光一个黑社会团伙，被人暗杀，以身殉职；一个是高峰，去年，德国一家自行车制造公司看中了这个技术精湛的修车匠，高薪聘请他去了德国，做高级技工，天高路远，他实在没有时间飞回来参加聚会。

这篇文章也许是杜撰的，但反映的却是活生生的现实。

一般情况下，高考之后，大家会说，文老师的教育比黄老师的教育好；10年聚会，大家也会说，文老师的教育比黄老师的教育好。

那么，15年聚会之后，大家又会怎么说呢？

教育不仅仅是教案。教案再怎么工整美观，也不能证明你的教育就是好的教育。

教育不仅仅是公开课。公开课再怎么精彩绝伦，也不能证明你的教育就是好的教育。

教育不仅仅是学生的考试成绩。哪怕你的学生个个考满分，也不能证明你的教育就是好的教育。

教育不仅仅是论文。论文再怎么字字珠玑，也不能证明你的教育就是好的教育。

教育不仅仅是专著。再怎么著作等身，你的专著再怎么畅销，也不能证明你的教育就是好的教育。

教育不仅仅是荣誉。"优秀教育工作者""十佳教师""特级教师"的称号，都不能证明也不能保证你的教育就是好的教育。

教育不仅仅是你的学生有"出息"。你的学生当了高官，有了厚禄，或是享有盛名，也不能代表你的教育就是好的教育。

爱因斯坦说："当一个人把他在学校学到的所有知识全部忘掉，剩下的就是教育。"陶行知说："千教万教，教人求真。千学万学，学做真人。"

教育是你面对学生绽放的每一次微笑，在学生心中绽放的太阳一样的光芒。

教育是你给学生的每一次善意提醒，使学生知道自己该保持正确的方向。

教育是你的每一次有力监督，使学生知道偏离正确轨道会有严重的后果。

教育是你为了使学生快乐地学会某个知识点而精心设计的一个教学环节。

教育是你为学生认真批改的每一次作业。

教育是你知道该对哪些学生言传身教说"谢谢"，该提醒哪些学生"你还没有说'谢谢'呢"。

教育是当学生出现问题时你总能一直去想解决的方法，直到问题解决为止。

教育是你关心着学生的终身发展而不是目前的分数。

教育是当学生很辛苦的时候你会想着帮学生"减负"而不是继续加压。

教育是你关心学生的学习，更关心学生的品德和健康，而不是让学生牺牲健康或不择手段来取得好成绩以保证你的职称和奖金。

教育是你的学生一辈子都记住了你的话并且实践着，而不是交了考卷后一切归零。

教育是用心交换的心的欢腾，是用爱浇灌的爱的升华！

叶圣陶先生曾说过："什么是教育？简单一句话，就是养成良好的习惯。"

所以，教育不是形式！教育是你的学生养成了好的学习、生活习惯，养成了好的做人、做事习惯，是你的学生真真正正学会了爱，学会了生活，学会了幸福！

如果你的学生没有学会这些，你的教育就不是真正的教育！你只是在以教育之名混饭吃而已！或者，以教育之名沽名钓誉而已！

所以，让我们以教育之名行教育之实吧！不管是参加学生的 10 年毕业聚会还是 15 年毕业聚会甚至 50 年毕业聚会都能笑得开心，笑得坦然。

要做到这一点，就让我们从现在开始好好研究如何培养学生良好的学习习惯，并好好地付诸实践吧。

目　录

总　论　"四面汉歌"培习惯　偷得浮生半日闲 ················ 1
　　"偷懒"是一种技术 ·· 2
　　什么是良好的学习习惯 ·· 3
　　如何培养学生良好的学习习惯 ·· 8

第一章　让学生养成认真学习的习惯 ··································· 33
　　什么是认真 ·· 34
　　如何培养学生认真学习的习惯 ·· 39
　　　　以理服人 ·· 39
　　　　以情动人 ·· 46
　　定时升级，随时熏陶 ·· 51
　　　　巧用教学内容 ·· 51
　　　　巧用"学样"心理 ·· 54
　　操作培训，有的放矢 ·· 54
　　　　认真看 ·· 55
　　　　认真听 ·· 59
　　　　认真找 ·· 63
　　　　"开火车"游戏 ·· 64
　　定时提醒，有力监督 ·· 65

语言提醒……………………………………………………… 65
　　　眼神提醒……………………………………………………… 66
　　　手势提醒……………………………………………………… 67
　　　表格提醒……………………………………………………… 68
　　　奖状控温……………………………………………………… 69
　　　惩罚监督……………………………………………………… 69

第二章　让学生养成有效学习的习惯…………………………… 77
　　有效才是王道………………………………………………… 78
　　　先来"洗脑"………………………………………………… 78
　　　再来点"样品"……………………………………………… 81
　　如何培养学生有效学习的习惯……………………………… 83
　　　授人以鱼——教师有效指导学生学习…………………… 83
　　　授人以渔——教给学生有效学习的方法………………… 99

第三章　让学生养成快乐学习的习惯………………………… 111
　　初识快乐"佳人"…………………………………………… 112
　　　利用理论研究……………………………………………… 112
　　　利用演讲稿………………………………………………… 114
　　佳偶非天成，还需好媒人…………………………………… 118
　　　"佳人"现身——以身作则，做一个快乐的老师………… 119
　　　"巧笑倩兮"——用快乐的教吸引学生快乐学习………… 127
　　　"两情相悦"——"学要乐装"，让学生自觉走上快乐学习的道路…… 131

第四章　让学生养成主动学习的习惯………………………… 137
　　为什么要主动学习…………………………………………… 138

终身学习的社会要求学生主动学习……………………… 138
　　多管齐下，让学生养成主动学习的习惯………………… 139
如何培养学生主动学习的习惯……………………………… 142
　　期待学习的结果…………………………………………… 143
　　享受学习的过程…………………………………………… 148
　　主动"加油站"……………………………………………… 156
　　奖惩激励…………………………………………………… 163

第五章　让学生养成创新学习的习惯……………………… 169

为何要培养学生创新学习的习惯…………………………… 170
如何培养学生创新学习的习惯……………………………… 173
　　勇敢是创新的前提………………………………………… 173
　　思考是创新的基础………………………………………… 183
　　求异是创新的关键………………………………………… 189

第六章　让学生养成多元学习的习惯……………………… 203

为什么要学会多元学习……………………………………… 204
　　生活需要点情趣…………………………………………… 204
　　"德"和"体"先于"智"……………………………………… 205
　　有不一样才有精彩………………………………………… 206
培养学生良好的品德………………………………………… 207
　　明辨是非的习惯…………………………………………… 207
　　尊敬长辈的习惯…………………………………………… 211
　　富有爱心的习惯…………………………………………… 214
　　热爱劳动的习惯…………………………………………… 216
　　正确"告状"的习惯………………………………………… 219

诚实的习惯……………………………………………………221
"逗得起"的习惯………………………………………………223
孝顺的习惯……………………………………………………224
解决问题的习惯………………………………………………226
让学生拥有健康的身体……………………………………………227
引导学生重视健康……………………………………………227
指导学生走上健康之路………………………………………230
帮助学生扫除健康路上的"拦路虎"…………………………239

后 记……………………………………………………………243

总　论
"四面汉歌"培习惯　偷得浮生半日闲

"偷懒"是一种技术

什么是良好的学习习惯

如何培养学生良好的学习习惯

一、"偷懒"是一种技术

亲爱的同仁们,你们觉得教书累吗?你们想教得更轻松点吗?你们想做一个快乐的"懒"教师吗?

"懒",不是一个褒义词,但其实每个人都有点"懒",每个人都想"偷懒"——要不,那些全自动的机器如洗衣机、收割机等为什么那么受欢迎,为什么人们不省下机器钱勤快一点儿自己洗衣、自己收割呢?著名特级教师魏书生也说过,"学生能做的事,我决不自己做——我是一个懒人"。我也"学习书生好榜样",憧憬做这样一个"懒"教师,轻轻松松地教学,快快乐乐地生活。谁不向往轻松美好的生活?教师也不应该追求"春蚕到死丝方尽,蜡炬成灰泪始干"。

有时候,"懒"不一定是坏事儿,只要"懒"得有水平,那就是"技术"!正是懒得洗衣、懒得亲手收割的人才发明了洗衣机和收割机呀!他们不仅自己学会了"偷懒",而且还帮很多人"偷懒",这样的懒人,大家都很喜欢,还恨不得有更多如此聪明的"懒人"帮我们"偷更多的懒"!

遗憾的是,到现在为止,我们还没有一部完全可以替代教师工作的机器,不然我们就可以开心地"偷懒"了。当然,幸运的是,到现在为止,我们还没有一部完全可以替代教师工作的机器,不然,我们就都失业了!

正因为这样,我们可以适中地懒一懒,用一种偷懒的教学法,那就是让学生养成良好的学习习惯,然后,让习惯督促他们学习,我们适当地指点指点,当一个"懒"教师。

"懒"是一门技术活,不是那么容易就可以"懒"的。但说穿了,它又很简单,那就是培养学生良好的学习习惯。好习惯养成了,学生终身受益,老师更是可以"偷得浮生半日闲"。

从教以来,我一直忙且快乐着,但偶尔也有烦心事:一是午睡,我是习惯睡午觉的,但我入睡比较难,午睡时间又比较短,所以,我最烦的是被学生吵醒,一醒来就很难再入睡。以前,我也用过不少方法,但收效甚微,所以常常只能在教室里亲自守着那班精力旺盛不想午睡的小家伙,但这又让我的身体受不了。二是我不太喜欢教低年级,一年级的小家伙儿,什么都不懂,什么都要问,什么都要从零开始。做练习时,你画个格子在黑板上,让他模仿,他也会弄得让你哭笑不得;你把一个答案写在黑板上,让他抄到本子上,他也会写错,甚至还张冠李戴地写到另一题的空格里面去;你让他在文章里找阅读题的答案,他就是"无数次与它擦肩而过,连肩膀都擦破了,也没擦出点儿火花来";上课时,你让他回答问题,更是"千呼万唤不出来";有些学生还总是将"j"的钩写到了右边,"t"的钩写到了左边;也总是有人将一个原本"五官端正,身姿曼妙"的字写得像个"天蓬元帅投胎";教室里的卫生就更让人伤脑筋了……这让习惯于教高年级的我很不适应。

幸运的是,我们开始研究"小学生良好的学习习惯培养"这个课题,我们开始"四面汉歌",从各方面培养学生养成良好的学习习惯。感谢这个课题,现在一切都好了,我终于可以"偷得浮生半日闲"——可以躲进宿舍睡午觉了,还把一年级教出了六年级般的感觉,我是怎么做到的呢?真正是"一言难尽",读完此书您就知道了。

二、什么是良好的学习习惯

习惯?习惯真的有这么神奇吗?

那是!很多人都知道,习惯是个神奇的玩意儿,它可以将很多行为化为自觉,让老师轻松教学。而且,习惯对孩子的一生影响巨大,好习惯可以给人无穷的力量,坏习惯则会影响人的一生。但是,孩子们却不明白习惯的重要性,所以,我们有必要让他们细细品读"习惯"这个词语,让他们知道习惯会影响人的一生。

我们要培养学生良好的学习习惯,可是,良好的学习习惯到底是怎样的学习习惯呢？综合国内外专家的叙述和我的思考，总结起来大概是如下几点：

1. 认真学习

很多学生学习时习惯东张西望，这边玩玩那边动动，吃吃零食，看看课外书，说说小话——当然，说"大"话的也有，做做小动作——当然，做大动作的也有……这样的学习习惯肯定是不好的，所以，我们要使学生养成认真学习的习惯。

2. 有效学习

有的学生，上课时也遵守纪律，也认真听讲，作业也按时完成，可是成绩就是不行。这就说明这些学生的学习缺乏效果。所以，我们还需要使学生养成有效学习的习惯，不要让我们教而无功，让学生学而无功，事倍功半。

3. 快乐学习

有的学生，虽然在老师和家长的督促下认真学习，可是，他一点儿也感受不到学习的快乐，觉得学习是一件很痛苦的事情。对于老师布置的学习任务，他一边做还一边发着牢骚，"唉！又要写这个""唉！还要做那个"。这样怎么是好的学习习惯呢？正所谓"知之者不如好之者，好之者不如乐之者"，我们要使学生养成快乐学习的习惯。只有感到学习是快乐的，才能产生源源不断的学习动力。

4. 主动学习

有的学生，学习缺乏主动性：早自习读书，老师在就读，老师不在就不读；学习任务，老师监督就做，老师不监督就不做……有的孩子，家长管一管，就学一学，家长不管了，他就不学了……这些学生，似乎是在为老师或家长学习，完全不懂得学习是自己的事儿，缺乏主动学习的动力，这种完全被动的学习状态肯定不是良好的学习习惯。所以，我们要使学生养成主动学习的习惯，不用老师管，不用家长管，而是自己管好自己，什

么时候该学习了，就自觉去学习，主动去学习。

5. 创新学习

创新是推动科技进步的动力，创新是让生活美好的催化剂。没有创新，我们的科技不会进步；没有创新，我们的生活会变得枯燥无味。所以，我们要培养学生创新学习的习惯，拓宽学生的思维，让他们解放自我，张扬个性，创造更新更美的篇章。

6. 多元学习

"学习"的内涵是很广的，不过，很多时候，我们指的都是狭义的学习，其实，我们还需要学习做人，学习幸福地生活，学习与他人相处……有的学生虽然成绩不错，但是小小年纪就戴着两个"酒瓶底"，还有的学生因为只顾学习缺乏运动而体质较弱……健康是一个人最重要的基石，没有健康，一切都免谈。如果我们的孩子一个个才高八斗、学富五车，但却个个老态龙钟、病怏怏的，我们的国家还有什么希望，"东亚病夫"的帽子难道要重新戴起来吗？所以，我们要培养学生健康学习的习惯，即我们要使学生养成多元学习的习惯，让学生的生活丰富多彩，让学生的发展更全面。

演讲稿：习惯是什么

问大家一个问题："你想成功吗？你想将来拥有舒适的工作、幸福的家庭、美好的生活吗？"

"想！"很好！这个答案非常棒！也非常理所当然！因为人人都想过上好日子！当然，好日子的标准又因人而异。但是，我再问你们一个问题："你们知道要想成功，需要具备什么条件吗？"

1988年，75位世界各国诺贝尔奖得主在巴黎聚会。有人问一位诺贝尔科学奖得主："您在哪所大学、哪个实验室学到了您认为最重要的东西呢？"这位白发苍苍的老学者回答道："是幼儿园！"那人奇怪了："在幼儿园能学到什么东西呢？""把自己的东西分一半给小伙伴们，不是自己的东西不要，东西放整齐，吃饭前要洗手，做错事要表示道歉，午饭后安安静静地休息，要观察周围的大自然……"

多么睿智的回答啊！老学者的话是什么意思呢？他告诉我们：他之所以成功，取决于他在幼儿园就养成了良好的习惯。

习惯？习惯是什么？怎么有如此巨大的力量？

■ 习惯是始终如一

习惯是今天如此，明天如此，后天也如此；习惯是今年如此，明年如此，后年也如此；习惯是少年如此，壮年如此，老年也如此……

你今天认真学习，明天认真学习，后天认真学习……这个学期认真学习，下个学期认真学习，下下个学期还认真学习……你小学认真学习，初中认真学习，高中认真学习……这才叫养成了认真学习的习惯！你今天认真学习，明天就贪玩去了，三天打鱼，两天晒网，这不叫养成了认真学习的习惯。

■ 习惯是无须监督

习惯是大众面前如此，四下无人时也如此；习惯是有人监督时如此，没人监督时也如此。

有些同学，晨读的时候，老师没到教室时就不读书，看到老师来了赶紧读书，甚至还有学生专门通风报信，"老师来了"，老师走了，又"涛声依旧"了，这不叫养成了好的学习习惯。有的同学，对于老师布置的任务，老师检查就认真做，老师要是有两次忙起来没有检查，他就再也不好好做了，这也不叫养成了好的学习习惯。好的学习习惯，就是老师在的时候认真学习，老师不在的时候也认真学习；对于老师布置的任务，老师检查认真做，老师没时间检查也认真做。

■ 习惯是无须提醒

习惯就是无须提醒，自己做好。

20世纪60年代，苏联发射了第一艘载人宇宙飞船，我们大家都知道该艘载人宇宙飞船的宇航员叫加加林。当时挑选第一个上太空的人选时，有

这么一个插曲:几十个宇航员去参观他们要乘坐的飞船,进舱门的时候,只有加加林一个人把鞋脱了下来。他觉得:"这么贵重的船舱,怎么能穿着鞋进去呢?"加加林的这一个动作,让主设计师非常感动。他想:"只有把这艘飞船交给一个如此爱惜它的人,我才放心。"在他的推荐下,加加林就成了人类历史上第一个飞上太空的宇航员。

好的学习习惯即为不用别人提醒就主动去上学,不用别人提醒就主动认真听课,不用别人提醒就主动完成老师布置的任务,不用别人提醒就主动准备好学习或考试需要用的物品——每年高考,都出现不少考生忘带准考证的情况,这说明很多学生平时没有养成好的学习习惯,没有养成每天上学前、考试前准备好该用的物品的习惯,所以丢三落四,在如此重要的考试时出现了这样不该出现的状况。由此可见,养成良好的学习习惯是多么重要的事啊!

■ **习惯是不假思索做出来的事**

爱因斯坦说:"什么是教育?当你把受过的教育都忘记了,剩下的就是教育。"这话说得多么深刻。真正的教育是忘不掉的,忘不掉的才是真正的素质。什么是忘不掉的?习惯就是忘不掉的,它是一种自动化的、稳定的行为,是刺激与反应之间的稳固的连接。比如,一个人见了他人就问好,做错事一定会道歉,办重要的事一定要确认等,这就是习惯。

习惯,是不假思索做出来的事。

一位到澳大利亚参观的中国官员随手把香蕉皮从正在行驶的车窗扔了出去,那位澳大利亚司机立即停车,快步跑回捡起了它。当这位官员感到尴尬的时候,中国翻译说:"别在意,他捡这玩意儿和您扔这玩意儿一样自然!"

这个故事里有两种习惯,一种是乱扔垃圾的习惯,一种是看到垃圾捡起来的习惯。他们做这些事情的时候,不假思索,就如天性使然一般,这就是习惯的力量。好习惯像天使,永远赐予你正能量,让你拥有隐形的翅膀,展翅翱翔;

坏习惯像恶魔，永远给你负能量，束缚你的手脚，让你一事无成。

■ **习惯是不易改变的自觉的行为**

孔老夫子说得好："少成若天性，习惯如自然。"什么意思呢？就是说人在小的时候养成的习惯会像人的天性一样自然、坚固，甚至变成人的天性，以致于人以后所取得的成功、创造的奇迹，很多都是由小时候形成的习惯支撑的。

所以，习惯是长期形成的不易改变的近乎自觉的行为。

我们经常听到有人这样评价一个人："这个人像他爸爸，特别有礼貌！""这个人像她妈妈，特别宽容！"为什么会如此？难道性格也会遗传？非也非也！不过是孩子在潜移默化中养成了和他父母相同的习惯而已。

因此，习惯是什么？习惯是你长时间养成的在你身上生根发芽的、不易改变的、近乎自觉的行为。

三、如何培养学生良好的学习习惯

去年，我们学校的学前班有一个孩子，叫迪迪。那时候，迪迪确实是一个让人头痛的孩子，因为任何一丁点小事就让人"赔钱！赔一万块钱"！三天两头哭闹，晃着校门要回家，扯开嗓子嗷嗷地哭，让几个班都无法正常上课。老师要把他拉进来，他打老师；保安要把他拉进来，他打保安……用老师的喜欢和奖状哄他听话，他说："我不要老师喜欢！我不要奖状！"用学校规则压制他，他根本就不吃那一套。

每次无计可施时，学前班的老师有时就会看着我。也许是希望我能伸出援手吧，而我却只能表示同情地对她微笑。不是我不帮她，只是因为我知道，"冰冻三尺，非一日之寒"，要解决这样的"三尺冰冻"也绝非一日之功。对付孩子的坏习惯，绝不是谁一两句话就能摆平的，所以，在我没有成为迪迪的老师之前，对于这样的事，我爱莫能助。因为培养学生良好的习惯或纠正学生不良的习惯，都要经过几个比较漫长的过程：

1. 苦口婆心，指点迷津

让学生知道什么是对的，什么是错的。知道了什么是对的，什么是错的，就犹如夜行找对了方向，不至于走向错误的目的地。孩子明白了其中的道理，自然就不会做错了。

　　有个美国小孩问他爸爸："我们很有钱吗？"爸爸回答他："我有钱，你没有！"有个中国小孩问他爸爸："我们很有钱吗？"爸爸回答说："是的，我们很有钱！"于是，那个美国孩子明白爸爸的钱不是自己的钱，要靠自己努力去挣才会有钱。而那个中国孩子觉得自己已经很有钱了，不必努力奋斗了，甚至很多长辈也是这样认为的。早先，一位爷爷就告诉孙子："你不用读书了，反正我们家的钱也用不完！"有目共睹的是，美国的孩子大多自立能力很强，而中国却有着数不胜数的"啃老族"。可见，给孩子灌输正确的思想，孩子才可能有正确的行为。

　　一个中国人把自己13岁的儿子送到了澳洲的朋友家，说要让儿子见见世面。而这位朋友给孩子的照顾是这样子的：

　　她对孩子说："我是你爸爸的朋友，对于你在澳洲一个月的暑期生活，你爸爸托我照顾你。但我要告诉你的是，我对照顾你的生活并不负有责任，因为我不欠你爸爸的，我也不欠你的。所以，以后你得按时起床，我不负责叫你；起床后，你要自己做早餐吃，因为我要去工作，不可能替你做早餐；吃完早餐后，你得自己把盘子和碗清洗干净，因为我不负责替你洗碗，那不是我的责任；洗衣房在那里，你的衣服要自己去洗。另外，这里有一张城市地图和公共汽车时间表，你自己看好地方决定要去哪里玩，我有时间可以带你去，但若没时间的话，你要弄清楚路线和车程，可以自己去玩。总之，你要尽量自己解决自己的生活问题。因为我有我自己的事情要做，希望你的到来不会给我增添麻烦！"

　　13岁的小男孩不停眨着眼睛听着这位不许自己叫她阿姨，坚持让他直呼其名——玛丽的一番言语，心中肯定是有些触动的。因为在北京的家里，他的一切生活都是爸爸妈妈全盘负责，即使是走亲访友，亲友们也会把他照顾得很好。最后，当玛丽问他听明白了没有时，他说："听明白了！"是啊，这个阿姨说得没错，她不欠爸爸的，更不欠自己的，自己已经13岁了，是个大孩子了，已经能做很多事，包括自己解决早餐，自己出门，去自己喜欢的地方等。

一个月之后，他回到了北京的家。家人惊讶地发现，这个孩子变了，变得什么都会做了，他会管理自己的一切：起床后叠被子，吃饭后洗碗筷，清扫屋子，会使用洗衣机，会按时睡觉，对人也变得有礼貌了……他的爸爸妈妈对玛丽佩服得五体投地，问她："你施了什么魔法，让我儿子一个月之内就长大懂事了？"

你们看，如果告诉孩子自己的事情要自己做，别人没有义务为他去做，这个孩子自己就能做得很好。而有些人则用全盘包办告诉孩子："你什么都不用做，我们会帮你做好！"孩子就什么也不会做！所以，你告诉他们的观点不同，结果就会完全不同。

=== 演讲稿：好习惯的力量 ===

落叶随风将要去何方，只留给天空美丽一场。曾飞舞的声音，像天使的翅膀，划过我幸福的过往。爱曾经来到过的地方，依稀留着昨天的芬芳，那熟悉的温暖，像天使的翅膀，划过我无边的心伤。相信你还在这里，从不曾离去，我的爱像天使守护你，若生命只到这里，从此没有我，我会找个天使替我去爱你……

每个人都有自己的人生路，爸爸妈妈也好，老师也好，没有谁可以一直陪伴你走完你的人生旅程，到时候，谁会去爱你呢？而"我会找个天使替我去爱你"，这个"天使"就是好的习惯。

■ **人是习惯的傀儡**

一个人无论做什么，都可能形成习惯。

当一个人有了好的习惯，就如后面有个天使在帮助他，他的行为也会像个天使。

一个人养成了善良的习惯，他就会看到别人有困难就想去帮助别人。正如2014央视春晚小品《扶不扶》中的郝建一样，已经养成了善良的习惯，所以，看见人家汽车后盖没盖上就去追，即使被误会、被交警罚款也不后悔。当他看到老奶奶摔倒了，刚刚还因为善良而被误会的他仍然毫不犹豫地扶起了老奶奶……这就是习惯。

2013央视春晚小品《大城小事》中两个贴小广告的年轻人，让他们走模特步他们不会，跳起"贴小广告舞"来却是神采飞扬、炉火纯青，也是因为他们没有走模特步的习惯，却有贴小广告的习惯。

当好习惯养成，这个人就成为了天使。比如，习惯了为游客着想的文花枝，在生死关头仍然为游客着想，成为"中国女孩"；习惯了一切靠自己的洪战辉，在自己还是个孩子的情况下也是靠自己的努力去养活妹妹，没有求援，没有乞讨。这就是好习惯的作用。所以，他们能成为人们心目中的天使。

当一个人有了坏习惯，就如后面有个魔鬼在操纵他，他的行为也会像个魔鬼！

哪个小朋友第一次坐在教室里看到老师和很多小伙伴不是充满了好奇、充满了快乐？别人看书，他要抢过来煞有介事地看一看；别人写字，他也要拿着笔装模作样一顿乱写……我无数次问过那些没有上过学的孩子："想读书吗？"他们的回答都是天真可爱的"想"！可见人并不是天生不爱学习的。可是时间长了，有些人慢慢养成了热爱学习的习惯，有些人却因为各种原因养成了厌学的习惯。我也经常去问那些读过几年书的孩子："你喜欢读书吗？"这个答案就不是千篇一律了。

有些孩子，看到长辈不打招呼，受人恩惠不说谢谢，打扰了别人也不说对不起……久而久之，就养成了无礼的习惯。

有些孩子，看到父母劳累了也不去帮一帮，或者给父母按摩按摩，或者说几句贴心的话，久而久之，就养成了冷漠的习惯。

有些孩子，只知道不停地要求父母给自己这个那个，而自己却从不学着付出，久而久之，就养成了自私自利、不愿付出的习惯。

有些孩子，因为一点小事就用哭闹的方式来吸引大人的注意，换取大人的同情，久而久之，就养成了耍赖的习惯。

有些孩子，一点不如意就生气、烦恼，久而久之，就养成了多愁善感的习惯。

有些孩子，喜欢用哭闹、纠缠等方式来让大人满足自己的要求，久而久之，就养成了胡搅蛮缠的习惯。

■ 失败或成功都取决于习惯

很多时候，失败往往只需要一个小小的习惯。

巴尔扎克说得好："要断送一个人，只消叫他染上一种嗜好。"一百多年前，外国列强就是利用鸦片使很多国人养成了醉生梦死的习惯。因为吸食鸦片是会让人上瘾的，是利用药物让人迅速产生的"习惯"！这种"习惯"有多可怕，大家都已经知道，不必我画蛇添足了！有网友说，现在国人又染上了一种坏习惯——"起床摸手机，睡觉放手机"，一天到晚捧着手机，甚至还有网友把人们躺在床上玩手机的图片和一百多年前人们躺在床上抽大烟的图片进行对比，这足以说明现在让玩手机成为习惯的人有多可怕——当他们一天到晚都沉浸在虚拟的世界里时，现实怎么办？鸦片不也是吸了以后让人产生幻觉吗？那不也是虚拟的世界吗？

古往今来，利用习惯打倒或企图打倒一个人的事情多的是：为了打败夫差，勾践迎合夫差好色的习惯送上了西施；为了离间董卓和吕布，王司徒迎合他们父子好色的习惯送上了貂蝉；在《金瓶梅传奇》中，王世贞知道仇家儿子有喜欢舔唾沫翻书的习惯，特投其所好用有毒的墨汁书写了一本书……

有一家食品公司要招聘一位卫生检测员。一位衣冠楚楚、气度不凡的年轻人自信地走进了总经理办公室。他优雅的谈吐、扎实的专业知识赢得了总经理的好感，没想到就在年轻人转身离开的时候，他下意识地抠了一下鼻孔。这个不起眼的小动作并没有逃过总经理的眼睛，结果可想而知，一个没有良好卫生习惯的人怎么能够做卫生检测员呢？这位年轻人怎么也不会想到是抠鼻孔的坏习惯毁了他的工作，使到手的饭碗落入了他人之手。

当然，成功也往往只是源于一个小小的习惯。

因为一个好习惯而成功的人数不胜数：祖逖养成闻鸡起舞的好习惯，终于成就一番事业；英国著名的化学家波义耳因为有善于思考的习惯，所以从掉进试管变色的紫罗兰中发现规律并发明了酸碱试纸；李世民因为有虚心纳谏的好习惯，终于成就了大唐盛世……

华盛顿是美国历史上最令人尊敬的堪称美德典范的总统，他的诚实故事家喻户晓。他看得最多的一本书，是那本随身携带的小册子——《与人交谈和相处时必须遵循的文明礼貌规则110条》。好习惯成就了一个伟大的总统和一个伟大的人。

有个大学毕业生，到一家公司应聘。面试时，外边等了许多人，看起来个个踌躇满志。应试者一个个被叫到经理办公室，又一个个表情严肃地走了出来。当叫到他时，他没有像别人那样慌忙推门而进，而是先敲门问："我可以进来吗？"经理说了声"可以"，他才进去。进门后，他又轻轻地关上了门。几天后，他被意外地聘用了。两年后，他工作出色，升为业务主管，与经理接触的机会多了，才把心中的疑惑说了出来："当初有人学历比我高，为啥要聘用我？"经理说："说实话，你哪一条都不比别人强，我就看中你进门时很有礼貌，懂礼貌说明你有教养，有教养的人，先不说能在公司有多大的作为，起码不会给公司制造乱子。"可见，有好习惯的人处处受人欢迎，也能使自己受益无穷。

本杰明·富兰克林说："一个人一旦有了好习惯，那它带给你的收益将是巨大的，而且是超出想象的。"

■ **养成习惯在于坚持**

有人要问，我知道习惯是个好东西，可是，怎样才能养成好习惯呢？我知道要养成好习惯，可就是坚持不了。对，关键就在这儿，坚持！所以，在你的习惯没有形成之前，你必须督促自己或借助别人督促自己来坚持，坚持到一定的时间，你就习惯了！

怎样养成习惯呢？就是要把某件事情坚持做到一定的数量。

有好几位世界著名的成功大师都认为："一种新的习惯，如果能坚持21天，你再做这件事时，就会觉得容易多了。"如果你每天临睡前看半小时书，坚持到二十几天以后，要是哪天临睡前没有看书，你就会觉得很不适应。不管是好习惯还是坏习惯，都是这样形成的。有些习惯成为怎么也改不掉的习惯的原因很简单，一件事你经常反复练习，做起来就容易多了；一件事变得容易做的时候，你就喜欢去做；一旦喜欢去做，就必然会变成一种习惯。

习惯成自然，自然成人生，这里面隐藏着人类本能的奥秘。因为习惯的养成不只是动作的重复，也是脑神经指令的积累。一件事做的次数越多，脑神经所受的刺激和记忆就越深，人的反应也会越来越熟练，到一定时候习惯就会自然形成。

所以，如果你想让自己养成好的学习、生活习惯，你就要先给自己制订一个作息时间表，然后按照作息时间表坚持二十几天，这样你就会慢慢习惯了。如果二十几天还不够，你就再坚持一段时间，一直到你不需要作息时间表也会如此做的时候，你的习惯就养成了。时间长了，它就如生物钟、条件反射一样自动提醒你自觉地去做应该做的事。比如，每天早晨及时起床，自觉地为上学做好一切准备；上课铃声一响自觉跑回教室做好上课的准备；放学回家后按时做作业。这些事情，对于一个有良好习惯的人来说，几乎都是靠生物钟、条件反射来自动控制的。如果不是靠习惯，这许许多多看似平常的事做起来就会显得手忙脚乱，甚至丢三落四，以至于使你十分被动，心烦意乱。

哲人说："种下行动便会收获习惯，种下习惯便会收获性格，种下性格便会收获命运。"习惯的力量往往是强大而无形的，一个好的习惯一旦定型，它所产生的影响是很难估量的。好习惯的报酬是成功，成功的人生和成功的事业就是好习惯延续的必然结果；而失败的人生和失败的事业，则是坏习惯导致的恶果。

俄国教育家乌申斯基还说:"好习惯是人在神经系统中存放的资本,这个资本会不断地增长,一个人毕生都可以享用它的利息。而坏习惯是道德上无法偿清的债务,这种债务能以不断增长的利息折磨人,使他最好的创举失败,并把他引到道德破产的地步。"概括一下就是:要是养成了好的习惯,你就会一辈子享受不尽它的利息;要是养成了坏习惯,你就会一辈子都偿还不完它的债务。这就是习惯。

所以,让我们养成好习惯,拥有成功的人生吧!

2. 制定规则,奖优罚劣

制度的作用是无上的。有这样一个故事:

政府让船主将犯人运到澳洲去,可是犯人的死亡率很高。政府想了很多办法来改变这种状况,比如配备医生、官员监督、思想教育等,都无功而返。后来有人改变了制度,由原来根据上船的人数给船主报酬改为根据下船的人数给船主报酬,结果犯人的死亡率飞速下降。

还有这样一个故事:

某厂家生产的降落伞合格率是99.9%,军方怎么要求也改变不了。后来,军方改变了检查制度,就是每次交货前从降落伞中随机挑出几个,让厂家负责人亲自跳伞检测。从此,奇迹出现了,降落伞的合格率达到了百分之百。

这就是制度的力量。

可见,我们需要制定合理的制度,然后让人们在做得对的时候得到肯定,做得不对的时候被否定,尤其是第一次时更应如此。举例来说,原来我不是迪迪的老师,对迪迪的事情爱莫能助。因为当我不是他的老师时,我只能做第一步,而只做第一步无疑是没有效果的,况且很多孩子都不会听别的老师的话。但是，我教他之后就不一样了，我可以进行第二步、第三步……

我接手迪迪在的这个班后做的第一件事，就是制定了各种评价细则，学生达到什么标准就可以获得相应的奖励。当然，评价细则如果只是一纸空文，也是没有作用的，还需要落到实处，真正做到奖优罚劣。

"奖优"的方式有很多种，比如赞美、奖励等，而赞美是最廉价、最容易做、最有用的一种方式。大家都知道，驯兽员是在动物做出他希望动物做的动作后给予奖励才训练出了一个个温顺乖巧的动物。那么，人也一样，当他的行为获得肯定或奖励时，他就会继续这样的行为。心理学家威廉·詹姆斯曾说过："人性最深层的需要就是渴望别人的赞赏，这是人类之所以区别于动物的地方。"所以，表扬和赞美是每一个孩子都非常渴望的——如果他说不希望得到表扬，那一定是"吃不到葡萄说葡萄酸"，给自己一个台阶下。赞美是所有人的加油站，即使有一点细小的进步，他都渴望得到人们的喝彩和掌声。孩子在成长的道路上也是如此，我见过很多小孩子穿上新衣服后都会刻意在别人面前多展示展示，甚至比平时更亲热地和人打招呼，无非是为了希望别人注意他的新衣服，赞美他的新衣服。

有一次，我正忙着写东西，同事的小女儿到我房间来了，叫了我一声"波姨"。我回了她一声，亲热地问她有什么事。她说没有，我就拿了点东西给她吃，然后继续干我的活儿，于是她出去了。过了一会儿，她又进来了，我又给她拿了点零食，她说不要了，又出去了。过了一会儿，她又来了。

我觉得有点奇怪，虽然平时她也经常出入我的房间，但那一般是在我有时间陪她玩儿的时候。我在做事情时，她一般不太会来"骚扰"我，今天这是怎么了？于是，我从电脑前收回自己的目光，投到她的身上，这才发现原来是"美女之意不在食，在乎新裙之间也"，于是，我赶紧夸她裙子好漂亮，并抱起她转了几圈，这下她开心地"一去不复返"了！

还有一次，天降瑞雪，积雪成冰，我担心孩子们摔倒，就主动在那儿铲起了雪。我正铲得起劲，忽然发现同事的小孙女正站在旁边，还不停地在那儿蹦来跳去。我一边铲雪一边提醒她："你别在这儿玩了，小心摔倒！"没想到，她却有点不耐烦地跺着脚对我说："你没见我穿了新靴子吗？"我这才明白这小家伙为什么在我眼前蹦来跳去，原来是为了让我发现并赞美她的新靴子。于是，我微笑着对她说："哦，你的新靴子真漂亮！这么漂亮的新靴子波姨居然没发现，真不应该。不过，你要好好保护你的新靴子，不然摔倒了会弄脏、弄破的！"小家伙这才开开心心到别处玩去了。瞧这小家伙，是多么渴望得到别人的赞美啊！

每一次赞美都能带给孩子无限的信心和动力，让他们获得小小的成功，孩子就是在不断的成功中不断学习、更上一层楼。所以，我们不要吝惜我们的赞美，我们可以用我们的赞美慢慢累积孩子的小成绩，然后渐渐铺就孩子的大成功。

一个10岁的男孩在一家工厂做工。他一直想当一名歌星，但是，他的第一位老师却说："你五音不全，不能唱歌，你的歌声简直就像是风在吹百叶窗。"回到家里后，他很伤心，并向他的母亲——一位贫穷的农妇哭诉这一切。母亲用手搂着他，轻轻地说："孩子，其实你很有音乐才能。听一听吧，你今天唱歌时的乐感比昨天好多了，妈妈相信你会成为一个出色的歌唱家的！"听了这些话，孩子的心情好多了。后来，这个孩子成了那个时代著名的歌剧演唱家。他的名字叫恩瑞哥·卡素罗。

卡素罗回忆自己的成功之路时这样说："是母亲那句肯定的话，让我有了今天的成绩。"也许，卡素罗的母亲从来都没有想到过她的儿子能成为一代名人，根本没有指望过靠那三言两语去改变她儿子的命运，然而，事实上，正是她那句赏识的话成就了那个时代最伟大的歌唱家。

美国著名的成功学家拿破仑·希尔小时候被当作是一个坏孩子，家人和邻居甚至认为他是一个应该下地狱的人。无论何时出了什么事，诸如牧场的母牛被放跑了，堤坝裂了，或者一棵树神秘地倒了，人人都会怀疑"这是小拿破仑·希尔干的"。在这种情况下，拿破仑·希尔破罐子破摔，一心想表现得比别人形容得更坏。

他的母亲去世后，一位新母亲走进了他的家庭。拿破仑原本以为继母是不会给自己些许同情的，但是，事实却并非如此。继母发现了拿破仑·希尔人性中的优点。在继母的赏识和鼓励下，拿破仑·希尔开始改正自己的缺点，并发愤学习。继母用她深厚的爱和不可动摇的信心，塑造了一个全新的拿破仑·希尔。

拿破仑·希尔在他的著作《人人都能成功》中这样形容继母对他的影响：

这个陌生的女人第一次走进我们家的那天，我父亲站在她身后，让她独自应付这个场面。她走进每一个房间，很高兴地问候我们每一个人，直到她走到我面前。我倚墙站着，双手交叠在胸前，凝视着她，眼中没有丝毫欢迎的神色。我的父亲说："这就是拿破仑，希尔兄弟中最差劲的一个。"我绝不会忘记我的继母是怎样回应他这句话的。她把双手放在我的双肩上，两眼中闪耀着光辉，凝视着我的眼，这使我意识到我将永远有一个亲爱的人。她说："这是最差的孩子吗？完全不是。他恰好是这些孩子中最伶俐的一个。而我们所要做的，无非是帮他把自己所具有的好品质发挥出来。"一股暖流涌向我的心底。这一时刻是我生命历程的转折点。我的继母总是鼓励我依靠自身的力量，制订大胆的计划，坚毅地前进。后来证明这种计划就是我事业的支柱。我决不会忘记她教导过我的话："当你去鼓励别人的时候，你要使他们有信心。"我的继母造就了我。因为她深厚的爱和不可动摇的信心激励着我，使我努力成为她相信我所能成为的那种孩子。

所以，作为一个教育者，我们一定要处理好孩子的第一次。如果你希望孩子继续发扬，赶紧表扬他，奖励他，他一定会表现得更好。如果他第一次做什么事情时，你没有态度鲜明地告诉他是对是错，那么下一次就不好处理了。当然，如果当时你实在太忙，没时间教育他，那么，等到有时间的时候千万别忘了表扬他或是告诉他那是错误的行为，晚一点讲总好过永远不讲。不然的话，孩子就会认为："老师说要这样做，当时我这样做了，老师也并没有表扬我啊！那我到底要不要这样做呢？"——低年级的孩子往往以得到老师的表扬为目的，这没什么不好，一个不想得到老师表扬的孩子才是无可救药的呢！

在班上宣读了评价细则之后，迪迪的表现还不错。迪迪在学前班的时候，可能很少得到老师的肯定，所以，当他以前不听话、大发脾气的时候，他的老师对他说："你再不听话，老师就不喜欢你了！就不给你发奖状了！"而他则横眉冷对地大声喊："我不要老师喜欢，我不要奖状！"而且，在学前班的时候，我从来没见他笑过。后来，上一年级了，为了让他的心儿热起来，我发现他的任何小优点都大力地表扬他，他进步了不少。

"罚劣"最基本的方式是否定、批评或惩罚。在事情发生的第一次就"罚劣"尤为重要。

当一个婴儿第一次学着骂人的时候，大人如果嬉笑着表示肯定或赞赏，那么，他下一次会骂得更起劲。当一个婴儿第一次学着骂人的时候，大人批评他或是给他小小的惩罚，那他下次就不会再骂人了。

虽然迪迪有了进步，但是，很遗憾，第一个星期他没有成为可以得奖状的学生之一。

当发完第一次奖状后，他把自己的书扔了一地，我知道他也想得奖，可是这种方法肯定是不对的——我必须告诉他这是不对的。

我笑眯眯地问他："你想不想和他们一样得奖状呀？"他不假思索地回

答说:"想!"我非常高兴——当一个孩子想拿奖状的时候,那事情就好办多了!我微笑着抚摸着他的头:"你已经有进步了,再加点油,就可以拿奖状了!"他高兴地点点头。看他的心情好起来,我温和地对他说:"不过,你觉得得不到奖状就发脾气有用吗?你发脾气老师就会把奖状给你吗?不会的,如果没有得到奖状而发脾气就可以得到,那其他孩子也会这样做,不好好表现,发脾气。那老师的奖状上难道写'发脾气之星''耍赖之星'吗?"他的脸上涌起几分羞愧。我握握他的小手:"加油!好不好?"他点了点头。第二轮发奖状的时候,他果然就榜上有名了!

所以,对于孩子的错误,我们要坚决果断地予以纠正,不得有一丝退让。如果一开始你就纵容孩子的缺点,那等到他们的缺点变大了,扼杀起来就没那么容易了!如果我不告诉迪迪他耍赖的行为是不对的而给了他奖状,他就会想:"原来奖状是可以这么得来的。"那么,可想而知,他以后就不会好好表现了。

临近期末,考试是经常的事儿。很多时候,那些成绩好的孩子都会跑到我这儿来报喜:"老师,我数学考了100分!""老师,我数学考了99分!"那天,可能是那几个平时考得好的孩子"失手"了,所以,佳佳跑来告诉我:"老师,晓晓数学只考了27分!"等我走进教室,月月又告诉我说:"老师,晓晓数学只考了27分!"

于是,我在班上说:"今天考数学了,有人告诉我'谁谁谁只考了二十几分',被我狠狠地批评了。大家也许奇怪,老师为什么不批评只考二十几分的同学,却批评说这句话的同学呢?因为我们学习的目的是为了将知识学好,以利于将来我们的生活和工作,而不是为了和别人比分数的多少。就像我们班有些同学因为各种各样的原因只考了二十几分,我相信他会慢慢努力的。但是,其他同学就应该看着他的二十几分而沾沾自喜吗?'呵呵,我考了60分,比他的二十几分多多了!''呵呵,我考了三十几分,比他的二十几分多一些!'那这样子,你们怎么能进步?你们怎么能学到满足你们未来生活的知识？"

"所以，大家以后要看自己掌握了知识没有，而不要盯着别人比自己低了几分而沾沾自喜，更不要因为别人暂时的失利而嘲笑别人。"

从那以后，我们班再没有向我汇报某某学生考得真差的现象了——不盯着表现好的，却总是盯着表现差的，那怎么能进步呢？这样的坏习惯怎么能不坚决改掉呢？

3. 公正评价，关爱后进

制度定好了，教师在评价的时候还要注意公正。

公正就是一架天平，如果天平本身是没有问题的，那么自然很容易就能区分出孰轻孰重，商家自然不会挖空心思短斤少两，顾客也自然不会争长论短、牢骚满腹。

在我开始任教这个班级的时候，头几天的午睡是我亲自"督战"的。到了后来，我开始培养值日生。

第一天的值日生值日，教室里静悄悄的，我乐得中午休息一会儿。可是，第二天午睡过后，有人告诉我，一年级午睡的纪律不太好！一调查，我才发现，原来有学生"贿赂"值日生，说给值日生东西吃，让值日生给他奖"☆"。值日生"受贿"了，于是其他同学纷纷效仿，这个也"送礼"要求奖"☆"，那个也"开后门"要求奖"☆"，教室里热闹起来。

弄清楚原因后，我真是哭笑不得，只能慨叹社会不正之风太盛，连一年级的小孩子都被"潜移默化"了。我狠狠批评了那个搞不正之风的值日生，撤销了他的值日生资格，并表扬了第一天的值日生"公正廉明"，"封"她为班长，授予她奖"☆"的权力。

我用分明的奖惩告诉学生，老师和值日生的评价都是非常公正的，只有好好遵守纪律才能得到奖励，"送礼"与"开后门"都是行不通的。而且，也只有这样，我们的孩子才会正当竞争，才能培养出一个个真正的人才。于是，"贿赂"等不正之风马上扭转了。

公正是重要的，但学生的个性千差万别，绝对的公平也难以因材施教，所以，适当的时候，我们还要考虑后进生的感受。

天有不测风云，"贿赂"之风是遏止了，但那天又发生了一件"意想不到"的事情。有人举报说，放学以后，晓晓偷偷在教室里给自己奖星星。我能理解她的心情，但是，一个想得到奖励的孩子毕竟是个好孩子，虽然方法不对，但那是因为她年纪还太小。于是我说：

"晓晓同学自己给自己奖星星，大家知道她为什么要这么做吗？"

……

"对！因为她想得到奖励。这说明，她是想做一个好孩子还是想做一个坏孩子呢？"

"想做一个好孩子！"

"那么，我想问问同学们，你们是喜欢一个想做好孩子的同学还是喜欢一个不想做好孩子的同学呢？"

……

"对了！大家当然喜欢一个想做好孩子的同学。不过呀，是不是想做好孩子的孩子就一定是个好孩子呢？"

小家伙有点意见不一致了。

我微笑着说："你们还小，不知道怎样做一个好孩子，老师来教教你们，好不好？"

"好！"

"好孩子常常是得到了奖励的孩子，但是，你们知道这奖励要怎样才能得到吗？"

"知道，要好好表现！"

"对！要好好表现！而且也只有通过这一个方法得到奖励，才是正当途径。自己掏钱去买奖状，是行不通的！如果这样做可行的话，奖状又不贵，谁都可以去买一大堆！但是，那样的奖状是没有意义的。奖状必须是老师、家长等'奖'的才有用，自己偷偷给自己的，那不叫'奖'。而要得到奖励，需要符合得到奖励需要的条件。比如，老师评的'认真学习之星'奖，必须是认真学习的学生才能得到。如果你上课不认真听讲，一会儿吃零食，一会儿讲悄悄话，一会儿做小动作，怎么能得'认真学习之星'奖呢？比如，老师评的'有效学习之星'奖，必须是学习有效果的学生才能得到。一节课下来，生字记不住，课文读不出，考试也不及格，那怎么能得'有效学习之星'奖呢？比如，期末评的'三好学生'奖，那就要'德''智''体'三方面都表现好的学生才能得到。'德'就是要品德好，不做坏事，还要经常做好事，经常帮助别人；'智'就是要聪明，学习成绩要好；'体'就是体育，身体要好，体育要棒，经常运动，不吃垃圾食品。这样的学生才能被评为'三好学生'。对于'三好学生'，现在又有了新的说法，'在家做个好孩子，在校做个好学生，在社会上做个好公民'，不仅在学校要表现好，听老师的话，在家表现好，听父母的话，在社会上也要表现好。只有这三点都做好了，才具备被评为'三好学生'的条件。不过，老师说的是你具备了评为'三好学生'的条件，但不表示你一定可以被评为'三好学生'，因为具备这个条件的学生很多，但学校一般不会将这些学生全部评为'三好学生'，而是只选表现最好的几个。那么，你就要表现得更好，争取成为最优秀的那几个，这才是获得奖状的正确途径。但是，有的孩子却像晓晓一样，自己不努力，却偷偷给自己奖星星，希望获得奖状，你们觉得这样做对吗？"

"不对！"

"是！当然不对！因为这样做不公正。如果可以偷偷给自己奖星星的话，那么，晓晓偷偷给自己奖了5颗星，而强强就偷偷给自己奖了10颗星，莉莉就偷偷给自己奖了20颗星……到头来，大家都不好好表现，都偷偷给自己奖星星,那最后评出的得奖的同学是真正最棒的那个吗?"

"不是!"

"那这样评出来的获奖资格能够代表一个人的表现吗?"

"不能!"

"还有,如果那些偷偷给自己奖星星的学生得了奖,而真正表现好的学生没有偷偷给自己奖星星,没有得奖,你们觉得他心里会舒服吗?"

"不舒服!"

"如果你是那个表现最好的学生,但是,奖状却发给了那些偷偷给自己画星星的学生,你开心吗?"

"不开心!"

"所以,不好好表现却想得到奖励,不仅是行不通的,而且对表现好的同学来说也是不公平的。"

一番长篇大论之后,孩子们有所领悟,我再问晓晓:"你知道该怎样做才能获得奖励吗?"

"知道!要好好表现!"

"嗯。那自己给自己奖星星有没有用?"

"没有用!"

"好好努力,争取获得奖励好不好?"

"好!"

"加油!"我握住她的小手,从她眼里看到了阳光!

两个星期后,她终于拿到了"认真学习之星"奖!

而且,也只有公正评价,才能有威慑力,才能让每一个孩子都遵守。

一次,有学生来报告说几个人打了同学,迪迪就是其中打人的一个。我问了一下情况,原来是这些小家伙玩着玩着就乱了套,其实谁也不是故意要去打人的。

我让他们七个站在讲台上等候"发落"的时候，最开始迪迪有点不太服气的样子。我不动声色，先找他们中平时最听话的小雨谈话——小雨自然乖乖认错，并且按照我说的去给对方鞠躬道歉，并保证下次再也不打人了。第一个认错了，回座位了，我看到迪迪的神情有所收敛，我不动声色地开始叫第二个孩子。我说："知道错了的同学就按照刚才小雨做的去做，做好了就能回座位了。"小家伙很聪明，开始主动去向被打的人鞠躬道歉。第三个……第四个去向对方鞠躬道歉的居然是迪迪。

我没有多说一句话，用的全是"旁敲侧击"，让规则在别人身上体现出来。这就是规则的力量！

4. 加强监督，坚持不懈

习惯之所以成为习惯，在于它的长期性，短时期的行为不能称之为习惯。

毛泽东说过，一个人做一件好事并不难，难的是一辈子只做好事不做坏事。同样，有些事情做一次两次不难，难的是天天坚持，养成习惯，所以，我们最重要的任务就是监督，使孩子们能够坚持。

评价如果只有一次，奖励如果只有一次，那么，用不了多久，评价与奖励就会失去威力，没有人再去理睬它们。所以，我们需要坚持不懈地去评价、去督促，一直到学生习惯了这样做，不再需要我们的评价、督促为止。这样，我们才算是大功告成了。

可是，有老师要问了，你不是说让学生养成良好的习惯后，我们就可以偷懒了吗？是呀，可是，习惯不是那么容易形成的，酿个酒、酿个醋的还要一段时间呢，何况是酿一种习惯？

总之，培养学生良好的学习习惯不是一件简单的事，如果说"四面楚歌"是指多方面的消极影响的话，那么，培养学生良好的学习习惯就必须"四面汉歌"，多方面渗透积极的因素，使学生备受鼓舞，一步一步走向好习惯的殿堂。

演讲稿1：高高举起金箍棒——改变坏习惯

唐僧骑马咚那个咚，后面跟着个孙悟空。孙悟空，跑得快，后面跟着个猪八戒。猪八戒，鼻子长，后面跟着个沙和尚。沙和尚，挑着箩，后面来了个老妖婆。老妖婆，心最毒，骗过唐僧和老猪。唐僧老猪真糊涂，是人是妖分不清。分不清上了当，多亏孙悟空眼睛亮。眼睛亮，冒金光，高高举起金箍棒。金箍棒，有力量，妖魔鬼怪消灭光。

还记得这首歌吗？今天我们也要像孙悟空一样高高举起金箍棒，把妖魔鬼怪消灭光，妖魔鬼怪在哪里呢？那就是我们身上的坏习惯。

■ 下定决心

有人要问："我已经养成坏习惯了啊，那怎么办呢？"怎么办？那你就必须下定决心用更大的毅力去改变这种坏习惯。

美国得克萨斯州石油大亨保罗·盖蒂曾经是个大烟鬼，烟抽得非常非常凶。

有一次度假，他开车经过法国，天降滂沱大雨，开了几小时车后，他在一个小城的旅馆过夜。吃过晚饭，疲惫的他很快就进入了梦乡。

清晨两点钟，盖蒂醒来。他的烟瘾又犯了，很想抽一根烟。打开灯，他自然地伸手去抓睡前放在桌上的烟盒，不料里头却是空的。他下了床，搜寻衣服口袋，毫无所获，他又搜寻行李，希望能发现他无意中留下的一包烟，结果又让他失望了。

这时候，旅馆的餐厅、酒吧早关门了，他唯一可能得到香烟的办法是穿上衣服，走出去，到几条街外的火车站去买。

越是没有烟，想抽的欲望就越大，有烟瘾的人大概都有这种体验。盖蒂换上外衣,伸手去拿雨衣的时候,他突然停住了。他问自己:我这是在干什么?

盖蒂站在那儿寻思,一个所谓的成功商人,一个自以为有足够理智对别人下命令的人,竟要在三更半夜离开旅馆,冒着大雨走过几条街,仅仅是为了得到一支烟?这是一个什么样的习惯,这个习惯的力量有多么强大啊。

没过多久,盖蒂下定了决心,把那个空烟盒揉成一团扔进了纸篓,脱下衣服换上睡衣回到了床上,他带着一种解脱甚至是胜利的感觉,几分钟后就进入了梦乡。

从此以后,保罗·盖蒂再也没有抽过香烟。后来,他的事业越做越大,成为世界顶尖的富豪之一。

习惯的力量是无形而又强大的,好的习惯可以让人终身受益,而坏的习惯则像恶魔缠身,处处影响你的生活。所以,当你意识到坏习惯的存在以及它带给你的不便和莫名其妙后,请冷静地反思一下。不停地反问自己,总有一天你会幡然醒悟,然后才有足够的信心去克服它。就像故事中的保罗·盖蒂那样,把坏习惯留在昨天的梦里,留在阴雨的夜里。

■ 制订计划

富兰克林青年时期发誓要改掉坏习惯,养成好习惯。他给自己制订了克服13个坏习惯的计划,取得了意想不到的良好效果。

比如,为了改正自己正在形成的夸夸其谈的坏习惯,他给自己选择了"沉默",要求自己做到于人于己有利之言才谈,避免了自以为是的空谈。他为了保证有更多的时间用于学习,在计划的"程序"一条里,规定自己几点起床、几点吃饭、几点阅读,使生活有条不紊。后来有朋友说他常常表现出骄傲情绪,他又把养成"谦虚"的好习惯列入计划。

他每周选出一种缺点进行矫正,每晚必做自我反省,每天记录自己努力的结果。有时坏习惯没有彻底改变，尚未达到自己的理想标准时，他就再延长矫正一周，直到好习惯代替了坏习惯为止。

一个人只要改变了身上的坏习惯，就能换来带领自己走向成功的好习惯。富兰克林能成为美国历史上享有国际声誉的科学家、发明家、思想家、文学家和外交家，能成为最受美国人尊敬的人，这与他改变坏习惯、养成好习惯分不开。

■ **想法改变，习惯改变**

大家过去普遍认为，人最难改变的是习惯。有些权威人士也认为，改变习惯是一个艰苦漫长的过程，不要期望在很短的时间内有很大的改变。这些观点和认识说对也对，说不对也不对。

对有些人来说，改变习惯的确是很难很难的事，因为他们太过于原谅自己，太过于迁就自己，太过于开脱自己，太过于娇纵自己。要说改变习惯不难，也真不难。只要你改变一下你的想法，改变一下你的态度，你就可以很快改变你的习惯，因为你的想法和态度是可以改变的。

对此，我有切身体验。一次，我骑自行车上街，被一辆三轮车撞倒了。路边的人都责怪那个骑三轮车的人违反了交通规则。我爬起来正要发火时，我的想法提醒我："千万不要发火！"接着我便用提早准备好的"灭火器"——一边默想"生气是拿别人的错误惩罚自己"，一边让自己的舌头在嘴里转了几圈。这个过程前后不到30秒钟，一肚子火气就全消失了。

一个人有了改变自己的想法时，也就能改变自己的态度；只要改变了自己的态度，坏习惯就容易改变了。尽管原先的习惯是经过成千上万个小时形成和巩固的，但现在你却用不着再花成千上万小时去改变它了。

只要我们坚持好的习惯，改掉坏的习惯，我们的未来就是一片晴空。

══ *演讲稿2：让优秀成为一种习惯* ══

先给大家讲两个故事——

一位没有继承人的富豪立下遗嘱，死后将自己的一大笔遗产赠送给远房的一位亲戚，这位亲戚是一个常年靠乞讨为生的乞丐。这名后来接受遗产的乞丐立即身价一变，成了百万富翁。新闻记者便来采访他："继承了遗产之后，你想做的第一件事是什么？"

大家猜一猜：乞丐会怎么回答？乞丐的答案是：

"我要买一只好一点的碗和一根结实的木棍，这样我以后出去讨饭时会方便一些。"

你们看，他都已经是富翁了，可是还想继续讨饭，可见讨饭已经成为了他的习惯。

有一个小伙子，从前是个叫花子，忽然变得有钱了，他就学着那些公子哥们穿戴得花里胡哨，跟着那些公子少爷一起去吃喝玩乐，还在穷人面前摆出一副不可一世的样子。

有一次，他在饭馆看到一位容貌俊美、穿着朴素的女子，就上前用言语挑逗。这位女子知道他的底细，曾经还施舍过他，没想到这个小伙子不仅不感恩还如此轻薄，就微笑着说："公子，席前无以为乐，要不我们对对子，如何？"

小伙子也有点才学，就欣然答应。

"薄酒粗肴君莫怪！"

他反应倒是快："馊粥剩饭我不嫌！"叫花子的口气显露出来了。

女子看了看饭桌上苍蝇飞啊飞的，说道："席前苍蝇布阵！"

小伙子张口便答："身上虱子操兵！"

桌子底下有一只猫，女子用脚一踢："踢猫三寸足！"

"打狗一根棍！"

女子看到金鱼池下面两条鱼在荷叶下游来游去，随即说道："荷叶鱼儿伞！"

"棉花虱子窝！"

围观的人发出阵阵哄笑。

女子莞尔一笑："五凤楼前，三呼万岁，万岁万岁万万岁！"

小伙子答得倒快："十字街头，一声老爹，老爹老爹老爹爹！"

这时，众人哄笑起来："这人以前是个叫花子吧！哈哈哈哈……"

这个小伙子也是，有钱了还改不掉叫花子的口气，可见这已成了他的习惯。那么，你们想让讨饭成为你们的习惯吗？不想！那是极好的！那我们应该养成什么样的习惯呢？应该养成优秀的习惯。

我们要从小习惯被表扬。小的时候，我就是因为喜欢老师表扬我的那种感觉而不断上进，以便获得老师更多的表扬而无意中变成所谓的"优生"的。因为有喜欢听表扬的这种习惯，所以，我尽量地不做坏事，不做错事，没有养成听了批评还无所谓的坏习惯，没有变成"老油条"。而我的一些同学，因为听老师的批评听得多了，所以习以为常、不以为然，最后变成了老师怎么批评也无所谓的"老油条"。

看举重比赛时，我们发现，参赛选手们都是先从自己举得动的重量开始，然后慢慢增加重量的。有经验的拳击经纪人都会为他的拳击选手先安排容易对付的选手，然后逐渐让他们和较强的对手交锋。这是为什么？为的是把成功的模式、成功的感觉先注入选手的大脑中，这样，选手就会在不知不觉中产生不知难的感觉，获得成功的信念和习惯。

某中学的一位数学教师每天给他的一个学生出三道数学题，作为课外作业，让他回家后去做。这个学生每天都能认真完成。

有一天，这个学生回家后，发现老师今天给他出了四道题，而且最后一道似乎有些难度。他想，以前每天三道题，都顺利地完成了，从未出现过任何差错，老师早该给我增加点分量了。于是，他满怀自信地投入到了解题的思考中。天亮时分，他终于把最后一道难题也解答出来了。但他还是感到有

些内疚,认为辜负了老师的多日栽培,一道题竟然做了好几个小时。

谁知,当他把这四道已解的题一并交给老师时,老师看完后惊呆了。原来最后那道题竟是一道在数学界流传百年而无人能解的难题。老师把它抄在纸上,也只是出于好奇。结果,不经意把它与另外三道题混在一起了。这位中学生却在不明实情的前提下,把它攻克了。

这位学生能解答出数学界无人解出的难题,似乎有些荒诞,但仔细想想,也在情理之中。因为他过去每天都能很好地完成老师布置的作业,从而养成了良好的成功意识和成功习惯,同时又因为不知道这是一道百年未解的难题,所以遇上时,就"不知难"而"更好进"了。

曾任哈佛大学校长的艾略德博士,以"成功的习惯"为题,做过一次演讲。他说:"很多小学生在学校功课不好,成绩失败,是由于没有给他们可能成功的足够数量的功课,以至于他们没有机会去养成'成功的习惯'。"他鼓励老师们在教低年级时,为学生安排一些容易成功的事。艾略德博士说:"小小的成功,可以使学生获得成功的感觉,引起成功的兴趣,这在他们日后的工作中,会有无价的帮助。"我们不少人都有过这样的体会或感受,那就是从小培养一种习惯比将来改变一种习惯要容易得多。很多人小时候听过"狼来了""孔融让梨"等故事,过了好多年,这些故事以及说明的道理还深深地印在他们心里,由此让他们形成了良好的习惯。这就像刻在小树上的字一样,随着时间的推移,会越变越大。

当优秀成为一种习惯,你就会保持一种上进的心态,时时充满着积极乐观的能量,满怀信心地面对许多困难。

第一章

让学生养成认真学习的习惯

什么是认真

如何培养学生认真学习的习惯

定时升级,随时熏陶

操作培训,有的放矢

定时提醒,有力监督

什么是认真

何谓"认真"？在汉语词典中，"认真"谓"不马虎，以严肃的态度或心情对待"。认真学习，就是严肃地对待学习，在学习时把学习当成唯一的正经事来做，不能三心二意，也不能随随便便的，像看电视消遣一样，或者像坐在茶馆休闲一样……而我们的课堂上，往往不乏吃东西者、交头接耳者、做小动作者、玩手机游戏者、手机QQ聊天者、传递小纸条者、偷看课外书者、呼呼大睡者……这样的学习态度，怎么可以称得上认真？

名言云："世界上怕就怕'认真'二字。"名言又云："认真是成功的秘诀，粗心是失败的伴侣。"名言还云："最终你相信什么就能成为什么。因为世界上最可怕的两个词，一个叫执着，一个叫认真。认真的人改变自己，执着的人改变命运。"所以，让学生认真对待学习，在学习时心无旁骛，是让学生养成良好学习习惯的首要任务。

要培养学生认真学习的习惯，首先要让学生理解认真是什么，认真对他的学习、对他的人生有什么用处。就如一件新的商品，你想让顾客购买，总得先告诉顾客这是什么东西、干什么用的、对他有什么好处，这样顾客才可能产生购买的欲望。所以，我们首先需要对学生进行广告宣传，让学生理解认真对于学习的重要性。

== 演讲稿：让认真成为一种习惯 ==

先说个故事：

刘副局长上任了，需要从单位司机中选一位作为自己的司机。选司机这事儿可不能马虎，关系到自己的生命安全，刘副局长决定挨个挑。

第一章 让学生养成认真学习的习惯

第一个来的小王是个小伙子，活泼开朗，嘴巴也甜，局长长局长短的，手脚也勤快，一只手握着方向盘，另一只手鼓捣鼓捣这儿，扒拉扒拉那儿，一点儿也闲不着。出发不一会儿，就跟车上的音响较上了劲，把磁带换过来换过去，一会儿快进，一会儿倒退。后来，磁带卡在里面不动了，他干脆低下头，全神贯注地摆弄起来，要不是刘副局长眼疾手快，帮他扶了一下方向盘，小车就跟对面的一辆大卡车撞一块儿了。

第二天，刘副局长去省城。他不敢再叫小王，喊来了大赵。大赵是军人出身，在部队开过坦克。五步长的距离他就敢提速，巴掌宽的地方他就敢超车。刚拐上高速公路，就把挡一挂到底，飞了起来。刘副局长急忙提醒："大赵，慢慢开，别着急，咱们的事不急。"大赵单手玩着方向盘，笑道："局长您放心，就咱这技术，不是我夸口，开赛车都行。上一次也是去省城，我闭着眼开了5公里，啥事没有！"刘副局长差点儿没从车里跳出去。

从省城回来，他再也不敢用大赵了。剩下的司机只有老张了。老张40岁，沉默寡言，很少主动与人搭腔，总是随身带着书报，闲的时候就爱读书看报，稳重得很。问明目的地后，老张不再说话，车子平平稳稳上路了。刘副局长暗暗高兴，司机就应该是老张这样的性格，稳稳当当，不言不语专心开车，这才是最佳司机！车内静悄悄的，刘副局长有点无聊，于是从包里掏出当天的报纸读起来。他从体育版开始浏览，看完后，正要翻过去，沉默的老张突然说："先别翻，我还剩两行就看完了。"

听了这个故事，你也许觉得好笑，这些司机，一个比一个"刺激"。可是，如果你坐在这些司机的车上，我相信给你弥勒佛般的心境你也笑不起来！他们的技术并不是不好，可为什么人们会害怕坐他们的车呢？原因只有一个，他们开车的时候不认真！

■ 认真与认真学习

什么是"认真"？在汉语词典中，"认真"的意思是"不马虎，以严肃的态度或心情对待"。以严肃的态度对待开车,就是只做开车一件事。你是司机,就该专心开车,即使听听音乐也只是"副业"。你是司机,就该专心开车,一只手打着方向盘,还闭着眼睛开车,这是典型的"不认真"!你是司机,就该专心开车,可居然看起报来,这怎么能算是"认真开车"?比如,做心脏搭桥手术,假如我们将技术最高等级定位十级的话,人们是愿意让一个九级技术的医生认认真真给他做手术呢,还是愿意让一位十级技术的医生一边玩游戏一边给他做手术呢?我想,一般人都会选择前者。所以,你技术再好,不认真也是白搭!

同样,认真学习,就是严肃地对待学习,在学习时把学习当成唯一的正经事来做。有的同学一边听课一边吃零食,有的同学一边听课一边与其他同学窃窃私语,有的同学一边听课一边玩玩具,有的同学一边听课一边看课外书……这样的学习态度怎么可以称得上认真?认真学习,就是学习的时候只学习不干别的事:不吃零食,不玩玩具……

■ 认真的重要性

我相信大家都听说过类似的话:"这孩子很聪明,就是不认真学!"是啊!不管你多聪明,智商多高,不认真也是白搭。曾国藩在家背书,连躲在家中准备行窃的贼都背得出来了,曾国藩却还背不出来。曾国藩与贼,谁更聪明?当然是贼,等待行窃时顺便一听也能背得出来。曾国藩与贼,谁在认真读书?当然是曾国藩!可到头来有出息的是谁?是没有贼那么聪明但是比贼认真得多的曾国藩,而不是那个很聪明却只在做贼这件事上认真的贼!要是那贼也如曾国藩一般将认真用在读书上,当时国家定能多一位栋梁!

孩子长大了找工作,你们说老板会喜欢认真的人还是不认真的人呢?让两个同样优秀的人洗碗,一个轻拿轻放,碗碟完好无损、干干净净,另一个偷工减料、毛手毛脚,碗碟打破好几个。如果你是老板,你会选谁做你的员工?我相信你不会无聊到去找后者吧?所以,如果你没有认真的好习惯,将来你找工作就会成为问题。

电视剧里的两人谈恋爱,常常看到有人问对方:"你是认真的吗?"或者是向对方表白:"我是认真的!"可见人们在谈恋爱时非常强调认真。怎么个认真法?认真谈恋爱,就是一心一意的、心无旁骛的,把它当正事看待而不是闹着玩儿的!就像有句话说的:"一切不以婚姻为目的的恋爱都是耍流氓!"因为谈恋爱就是为了两个人白头偕老、共度一生,你和对方谈恋爱却不愿意和对方结婚,这是谈的哪门子恋爱?所以,谈恋爱的时候,人们总要确定对方是认真的,自己心里才能踏实。

怎样才能知道对方是不是认真的呢?人们一般会根据对方的以往表现来推断。两个同样条件的年轻人,一个认认真真谈过一次恋爱,一个却三天两头换对象,谈恋爱多达几十次。如果让你来选,你会选择跟谁谈恋爱?我想,一般人是绝对不会选择那个"恋爱收藏家"的,是不是?所以,认真是一种习惯。一个认真的人,干什么事情都会比较认真,包括对待自己的爱情、婚姻、家庭;一个不认真的人,干什么事情都不怎么认真,包括对待自己的爱情、婚姻、家庭!正因为如此,人们在择偶时,往往会选择一直都比较认真的人。我的言外之意是,一个没有养成认真习惯的人,将来择偶时会处于劣势,因为即使你真的深爱着对方,对方也不相信你对他是认真的!可见,如果你不养成认真的习惯,将来可能没有人愿意和你结婚。

■ **认真是一种负责任的态度**

一般来说,柴油机制造的噪音在数公里外都能听得见,对于这一点,想必大家都深有体会。但是,你们知道德国人生产的柴油机是什么样子的吗?他们生产的柴油机可以放在办公室的地毯上工作,根本不会影响隔壁房间的人办公。

1984年,武汉柴油机厂聘请德国退休企业家格里希任厂长。格里希上任后开的第一个会议,市有关部门领导也列席参加了。

没有任何客套,格里希便单刀直入,直奔主题:"如果说质量是产品的生命,那么,清洁度就是气缸的质量及寿命的关键。"说着,他当着领导的面,从摆放在会议桌上的气缸里抓出一大把铁砂,脸色铁青地说:"这个气缸是我在开会前到生产车间随机抽检的样品。请大家看看,我从它里面抓出来些什么?在我们德国,气缸杂质不能高于50毫克,而我所了解的数据是,贵厂生产的气缸平均杂质竟然在5000毫克左右。试想,能够随手抓得出一把铁砂的气缸,怎么可能杂质不超标?我认为这决不是工艺技术方面的问题,而是生产者和管理者的责任心问题,是工作极不认真的结果。"一番话,把坐在会议室里的有关管理人员说得坐立不安,尴尬之极。

两年后,格里希因种种原因离职时,武汉柴油机厂生产的气缸杂质已经下降到平均100毫克左右。回国后,格里希有几次来中国,每次都要到武汉柴油机厂探望。在厂里,他有时拿着磁头检查棒发现气缸有未清除干净的铁粉时,忘了自己已经不是厂长,仍然生气地向周围陪同的人大声咆哮:"你们怎么能这么不认真!"

就如做菜,做的味道好不好也许是水平问题,但是,如果菜里面有很多脏东西,那就是认真不认真的问题,是你想不想为你做的事情负责任的问题了!

■ 认真就是专心致志

认真就是专心,专注于一件事情,不三心二意。

如果给你动手术的医生,像调酒师调酒一样,一下把消毒水扔一扔,一下把手术刀转个圈……你同意吗?

("不同意!"孩子们异口同声)

如果饭店的厨师在给你做菜的时候还在逗弄他的宠物狗,使得你吃的菜里面有很多狗毛,你同意吗?

("不同意!"孩子们异口同声)

如果你到服装店买衣服,售货员一边帮你试衣服一边吃着熟食,弄得你身上、衣服上都是油渍,你同意吗?

("不同意!"孩子们异口同声)

如果你的长辈一边给你喂吃的一边又给另一位小朋友擦屁股,你同意吗?

("不同意!"孩子们笑着回答,回答得没那么整齐了)

如果老师一边给你们上课一边织毛衣,你们同意吗?

（"不同意！"孩子们异口同声）

你们看，别人为你们服务的时候，别人不认真，你们都不同意。那么，你们做事情的时候不认真，别人会同意吗？

爸爸妈妈供你们上学，可有些人上课的时候，一会儿想着抽屉里的零食，一会儿想着下课时操场上的游戏，一会儿想着晚上看的电视剧，一会儿惦记着放学后要到哪里去玩儿……一点都不认真，那你爸妈会同意吗？

如果你做作业的时候，一会儿吃个苹果，一会儿咬根甘蔗，一会儿玩盘游戏，一会儿听首歌，一会儿又看会儿电视，那能算认真做作业吗？

所以，我们要养成认真的习惯，认真听课，认真发言，认真书写，认真做作业，认真复习，认真考试。将来认真工作，认真谈恋爱，认真结婚养孩子，认真教育孩子。如此，你的人生何愁不顺顺利利、圆圆满满呢？

如何培养学生认真学习的习惯

要让学生养成认真学习的习惯，从一接手就开始训练才是最好的。所以，不管教几年级，我的第一个任务就是培养学生认真学习的习惯。当然，如果不是接一年级，别的老师已经对学生进行过这方面的训练，你就轻松多了，因为习惯一旦养成，就不太容易会改变，这样你就可以坐享其成了。

当然，训练学生养成认真学习的习惯，一般是在一年级，很巧的是，我现在正在任教一年级，所以，就以我的经验来说一说吧。

一、以理服人

正如同使用电脑，我们要让它为我们所用，首先要解决硬件的问题，主机得有，显示器得连上，硬盘得装上，电源得打开……这样才能有个电脑的样子。同样，要让学生认真学习，一般情况下，学生得进课堂，思维得调成上课模式……总不能当学生还在操场上疯狂玩闹时就开讲,在那样的情景下,相信如果你没有张飞在长坂坡那样的嗓子也起不了作用,最少也得借助于现代扩音设备。可是,你见过学生都在操场上玩耍而老师在广播里教授文化课的吗?所以,让学生走进教室是培养学生认真学习习惯的第一步。

1. 课前顺口溜

为了让学生记住要及时进教室,第一节课,我首先就会告诉他们上课铃响后该怎么做,并教他们顺口溜:"上课铃声响,赶快进教室。不说话,坐端正,乖乖等老师。"这顺口溜简洁明了,朗朗上口,学生很容易记住。

而且,我还会选一个记得最好的学生,让他在每次上课铃响以后就带领孩子们背顺口溜。孩子们很快就记住了课前应该怎样"切换到上课模式"。

这是对于低年级学生的要求,到了中高年级,这些最基本的东西已经成了习惯,基本就不用再教了。不过我们也可以换一种方式来"切换到上课模式",如"课前一首歌""课前一首诗"等。

2. 课上讲要求

进了教室,老师开始讲课了,学生不能还在吃零食、闲聊甚至大喊大叫,因此,让学生规规矩矩变成"上课模式"也是认真学习的必经之路。

怎么让学生懂得上课的基本纪律,懂得认真学习的基本要求呢?

我们当然可以一条一条地给学生讲解:第一,要乖乖在座位上坐好,不要随意站起,不要随意离开座位;第二,不要吃零食,不要随便喝水;第三,不要随意说话,更不能大喊大叫……

3. 教唱纪律歌

如果想让学生更容易接受,我们也可以用更容易让他们接受的方法,比如歌曲。

我现在任教一年级的小家伙,第一节课的主要任务就是帮助他们学会

"认真"——了解课堂纪律,学唱歌曲《我是好宝宝》:"我是好宝宝,上课小手放得好,小眼睛看老师,小耳朵听好话,说话先举手,才是好宝宝。"

然后根据歌曲,告诉学生上课时的注意事项:

(1)*小手放得好*。至于怎么才算小手放好,老师们可以根据自己的爱好或学生的情况来决定。我的习惯则是"小手放桌上",为什么呢?一年级小家伙的自控能力不强,小手放桌上,对于学生有没有做小动作,老师才能一目了然。而且,一般情况下,小手放桌上,自然也很难在上课时吃零食。

(2)*小眼睛看老师*。这要根据具体情况而定。当老师播放课件时,小眼睛看的就应该是屏幕了;当需要看黑板时,小眼睛就应该看黑板。所以,我是这么说的,当老师说"小眼睛"时,学生根据老师手指的事物来应答并做相应的动作。如果老师的手指的是自己,那么学生答"看老师"并看着老师;如果老师的手指的是黑板,那么学生答"看黑板"并看着黑板;如果老师的手指的是屏幕,那么学生答"看屏幕"并看着屏幕。

(3)*小耳朵听好话*。耳朵认真地听老师讲课。对于学生的耳朵有没有在听,我们不太好判断,但是,我们可以通过学生的表情和眼睛所看的方向判断学生是不是在认真听讲。

(4)*说话先举手*。这句话的意思是告诉学生不要随便讲话,如果有话要说,也应先举手经老师同意后再说。

4. 喊口号

当然,事情远不止这么简单,学生一下子记不了这么多,而且,一年级学生能够好好地坐在座位上认真听一整节课而不需要老师提醒一次,那几乎是不可能的。所以,一年级学生常常还要喊口号。我常常见到的口号是:"一二三,快坐好!"这个方法挺好。

我觉得还可以创新一下,所以,在学生学会《我是好宝宝》的歌曲之后,我会告诉学生,当我让他们坐好的时候,我就会击掌三次问道:"谁是好宝宝?"他们则大声回答:"我是好宝宝!"并且马上坐好。(即使是在调节课堂氛围的时候,我也是以唱《我是好宝宝》来进行"劳逸结合"和"温故知新"的。这样反复熏陶,学生很快就记住了上课时该如何认真学习)

当然,只要是老师们觉得实用的,具体什么口号无所谓,能提醒学生坐好听课就行了。

不过,也总有一些学生在回答完"快坐好"之后却不记得怎样才是"坐好"了,所以,我又编了《课堂纪律歌》:"不吃零食不乱说,小手乖乖放上桌(便于老师监督学生不做小动作),好好坐着不乱动(不能随意站起或离开座位),管好眼睛(根据需要看老师、看屏幕、看书本等)和耳朵(认真听老师或同学的发言、录音等)。"以此来督促学生。

当学生做得不符合要求时,我就会问:"怎样才是认真听课的孩子呀?"他们则会马上回答:"不吃零食不乱说,小手乖乖放上桌,好好坐着不乱动,管好眼睛和耳朵。"

5. "认真学习之星"评选

当然,认真学习不仅包括认真听课,还包括认真发言、认真书写、认真做题、认真检查、认真考试等,具体标准指导详见本章末《"认真学习之星"评选细则》。

(1)认真发言。

①发言前请先举手。

②声音要响亮,足够让全班同学听到。

③语言要流畅,不要结结巴巴或是沉默不语,耽误大家时间。

④认真回答老师的问题,最低要求是不能答非所问。

⑤当别人发言时,要认真倾听,这样自己才能补充或是改正。

(2)认真书写。

①抄写时要认真观察,不能抄错。

②书写要工整,行列要整齐,大小要均匀。

③不小心出现错误时,处理要得当,不能把作业本或试卷等弄脏。

(3)认真作业。

①认真听老师布置作业,尽量一次听清楚,不要总是提问。

②认真准备需要带回家的学习用品,不要在交作业时以各种借口拖延或不交作业。

③认真做题,逐题做,逐项做,不漏题,不少做。

④认真书写,字迹工整,书面整洁。

⑤做好后整理书包,把作业和其他必要的学习用品在书包里放好。

一年级上册入学第一课教案

教学内容

《课前等待歌谣》《我是好宝宝》《课堂纪律歌》

教学目的

使学生了解上课的基本纪律,学会如何认真听老师讲课。

教学重点

课堂纪律

教学准备

制作课件《课前等待歌谣》和《课堂纪律歌》;下载《我是好宝宝》歌曲视频。

教学过程

一、致欢迎词

师:亲爱的同学们,很高兴见到你们!我是你们的老师×××……

二、学习《课前等待歌谣》

1. 教师开场白

师:从今天开始,你们就是一名小学生了。什么是小学生呢?小学生跟幼儿园的小朋友有什么不一样呢?那就是——小学生比幼儿园的小朋友懂得更多的道理,更懂事。那么,我们要比幼儿园小朋友多懂些什么道理呢?比如,第一,刚才老师进教室后说"上课"时有些同学还不懂得怎么做,那就不像一名小学生了。小学生应该知道等待上课的时候要怎么做,我们一起来学习一下吧!

2. 课件出示《课前等待歌谣》

师:下面请跟着老师念。老师念一句,你们念一句:

上课铃声响,

赶快进教室。

不说话,坐端正,

乖乖等老师。

3. 教师解释说明

(1) 什么是上课铃声?如何学会分辨上课铃声?

(2) 赶快进教室时要注意什么?(步子要稍快,但不要太快,还是要注意安全;上下楼梯时不要拥挤;进教室时不要拥挤)

(3) 为什么不要说话?

(4) 如何才是坐端正?

4. 反复诵读

学生在教师的带领下反复多读几遍。

5. 强化记忆

安排一个学生在每次上课时带领学生读,也可直接设计到学校的上课铃声里。

三、学习课前问好

教师进教室后,要进行师生互相问好,怎么问呢?

教师宣布:"上课!"

班长或其他指定的学生喊:"起立!"(学生都要站起来,并且用立正的姿势。学习立正姿势)

教师说:"同学们好!"

学生答:"老师好!"

教师说:"请坐下!"(注意要等教师说完"请坐下"后学生再坐下)

四、学习歌曲《我是好宝宝》

1. 播放视频,带领学生观看

歌词:

> 我是好宝宝,
> 上课小手放得好,
> 小眼睛看老师,
> 小耳朵听好话,
> 说话先举手,
> 才是好宝宝。

2. 教师解释说明

怎样才是好宝宝呢?

上课小手放得好,

小眼睛要看着老师,

小耳朵要听老师讲课,

如果有事要说话,就要先举手。

3. 学生跟着视频学唱歌曲

4. 学生齐唱歌曲

5. 歌曲结合现实

师:如果上课时老师问"谁是好宝宝",大家就回答"我是好宝宝",并且马上坐好,按歌词里说的那样做。

五、学习《课堂纪律歌》

1. 教师开场白

师:有时候,老师也会喊"一二三"!这时候,同学们就会回答"快坐好"！可是，怎么才是"坐好"了呢？

2. 出示课件《课堂纪律歌》

不吃零食不乱说，

小手乖乖放上桌，

好好坐着不乱动，

管好眼睛和耳朵。

3. 教师解释说明

不吃零食不乱说，

小手乖乖放上桌（不做小动作），

好好坐着不乱动（不能随意站起或离开座位），

管好眼睛（根据需要看老师、看屏幕、看书本等）和耳朵（认真听老师或同学的发言、录音等）。

4. 重点要求

师：以后，当有的学生做得不符合要求时，我就会问："怎样才是认真听课的孩子呀？"你们应该怎么回答呢？（不吃零食不乱说，小手乖乖放上桌，好好坐着不乱动，管好眼睛和耳朵）

5. 强化记忆

师：下面考一考大家学会了没有？请大家按照要求坐好，听听老师下面讲的是一句什么话。

教师轻轻说："等一下老师会说'下课！同学们再见'，你们也要回答'谢谢老师！老师再见'！现在老师开始说了：'下课！同学们再见！'"

二、以情动人

上面介绍的方法是"以理服人"，如果我们把它与"以情动人"相结合，效果应该会更好。

除了讲道理，我还会将学生认不认真上升到对老师尊敬不尊敬、爱不爱老师的感情高度，使那些希望得到老师喜爱的孩子乖乖听话。当然，我也真心地爱着他们。

=====演讲稿：认真是一种态度=====

态度通常是指个人对某一客体所持的评价与心理倾向。换句话说，就是个人对环境中某一对象的看法，是喜欢还是厌恶，是接近还是疏远，以及由此所激发的一种特殊的反应倾向。

对于这些枯燥的概念，我们可以先不去管。在人们的日常生活中，态度往往是很具有感情色彩的。我们可以通过态度理解一个人的爱好、兴趣以及他对其他人的感情等。比如，妈妈对你说："宝贝，今天我们去公园玩，你赶紧穿衣服好吗？"你可能会高兴地跳起来，然后赶紧穿衣服。这就是态度，表示你喜欢去公园。如果妈妈对你说："宝贝，我们今天去地里拔草，赶紧穿衣服！"你嘟起嘴巴半天还不动身去穿衣服，这就是态度，表示你不喜欢拔草。同样，妈妈让你吃冰激凌，你可能会赶紧张大嘴巴，这就是态度，表示你喜欢吃冰激凌；妈妈要喂你吃感冒药，你可能会闭紧嘴巴，这就是态度，表示你不喜欢吃药。

态度还表示你喜不喜欢一个人。比如，有的客人来你家做客了，你可能迎出去很远，到了家后就赶紧端茶拿点心，还不停地陪他说话；而有的客人来了，你可能会待在房里继续看电视，妈妈让你叫人你才叫人，也不出去陪他说话。这两种态度说明什么？说明有些客人是你喜欢的，有些客人是你不喜欢的。所以，你对别人采取什么态度，往往就是在用行动说"我喜欢你"或者"我不怎么喜欢你"。晚上，当你还不是很想睡觉的时候，妈妈对你说："宝贝，闭上眼睛，睡觉了啊！"你乖乖地闭上眼睛，这就是态度，表示你喜欢妈妈，愿意听妈妈的话。但是，如果是一个陌生人对你说："小家伙，闭上眼睛睡觉了啊！"你可能就不会乖乖闭上眼睛，这就是态度，表示你不想听他的话。

所以，你的态度会说出你心里的话："我喜欢你！""我愿意听你的话！"或："我不喜欢你！""我不愿意听你的话！"

在学校也一样，如果老师让你做什么你就马上做什么——老师让你坐端正，你就坐端正；老师让你小眼睛看黑板，你就小眼睛看黑板；老师让你读书，你就读书；老师让你写字，你就写字；老师让你发言，你就发言；老师让你不乱讲话，你就不乱讲话；老师叫你劳动，你赶紧去做……这种态度就表示你喜欢老师，愿意听老师的话。老师看到你那么喜欢他，他也会非常喜欢你，非常关心你！

如果老师让你做什么，你就偏不做什么——老师让你坐端正，你还坐得歪七扭八；老师让你小眼睛看黑板，你还盯着窗外；老师让你读书，你就玩玩具；老师让你写字，你偏要吃东西；老师让你发言，你就不说话；老师让你不乱讲话，你就偏偏要讲；老师叫你劳动，你半天不动……这种态度就表示你不喜欢老师，不想听老师的话。老师看到你这么不喜欢他，会高兴吗？

（以后，上课的时候，我常常会问："让我看看，哪个孩子是最喜欢波波老师、最听波波老师话的呀？"很多孩子就会立刻坐得端端正正的。我再说："非常感谢你们这么喜欢波波老师，老师也非常喜欢你们！"这一下，往往全班学生都坐好了）

中国有句古话叫"来而不往非礼也"！所以，你爱老师，你听老师的话，下次你有事情找老师，老师也愿意听你说话。

有些同学，老师表扬他、奖励他的时候笑逐颜开，老师批评他、惩罚他的时候就不太开心，这就是一种态度，表示他喜欢被表扬、被奖励，而不喜欢被批评、被惩罚。对于有些事情的态度，大家都是一样的，比如，大家都比较喜欢被表扬和奖励，而不太喜欢被批评和惩罚。

在学校怎么保持认真的态度呢？

上学时按时到校，上课时按时进教室，这就是积极学习的态度。上课时不吃零食，不玩游戏，不做小动作，不讲悄悄话，眼睛看着该看的地方，对于老师布置的任务赶紧完成，回家按时完成作业，这就是认真学习的态度。看到老师，微笑问好，这就是尊敬老师的态度。和同学友好相处，不打架，不骂人，这就是团结同学的态度……

所以，态度是会说话的，你想用你的态度说什么呢？

【附录】 波波老师和孩子们的故事

有个孩子早自习时总是不读书，而且值日生叫她站后面去读书她也不去。值日生告诉我后，我叫她站后面去读书她还是不去——她的情况比较特殊，之前是在她舅舅办的幼儿园上的学前班。可想而知，在讲究"特权"的小天地里，她被宠成了什么样子。我想她在幼儿园可能是从来没有受过惩罚的，所以到了小学依然如此。但我不会纵容孩子这样。

我说："今天，你必须站到后面去读书，这是规矩，是对不认真读书的学生的惩罚，你不执行也得执行，否则大家都不认真读书了！"

她还是不动。

我说："老师让你站后面去，你怎么还不站呢？我说过了，你不听老师的话，就是不喜欢老师哦！"

她还是不动。

我又说："还记得上次下雨天你摔倒在水洼里，弄得一身湿淋淋的吗？是老师帮你把所有的衣服、鞋子换下来，还把我女儿的衣服鞋袜拿给你穿的，你记得吗？老师之所以这样做，是因为老师爱你，关心你，不想让你感冒。老师爱你，为你着想，你为什么不听老师的话，为老师着想呢？"

她还是不动——好个"铁石心肠"的小家伙！"恩"不行，我只好施起"威"来："你今天要是不站到教室后面去读书，我就不会让你离开教室，甚至放学后也不让你回家，让你爸爸妈妈来接你！"

小家伙也是见风使舵的"小狐狸"，本以为犟得过我的，没想到我这么坚持，就只好站到了教室后面。不过，她心里还是不服气，站在后面动来动去。

我说："接受惩罚是有规矩的，要立正站好，不准乱动，更不准玩。所以，你什么时候站好了我什么时候开始计时，站好10分钟才可以出去玩。"

小家伙一听，动作的幅度小了些，但还没有停下来，因为她在家里是"战无不胜"的，所以，不习惯"败下阵来"。好吧，我也不强求她那么快可以改正。"等你完全站好后我就开始计时。10分钟，站好了你就能出去！"小家伙看到了希望，终于按规矩站好了！我说："计时开始！"小家伙听到"计时开始"，终于破天荒地站了一会儿。为了鼓励她坚持下去，我特意提早了十几秒说道："1分钟！"小家伙面露喜色，原来一分钟并不久。同样，我又刻意提早一点说道："2分钟！"到了五六分钟的时候，我恢复到正常计时。到了最后两三分钟的时候，我又悄悄把前面"优惠"的几十秒要了回来。10分钟之后，小家伙笑眯眯地出去玩了。我也笑了，她终于第一次接受惩罚了——跟我这"老狐狸"斗，你还嫩了点！

这还不是结局，也许是老天相助，就在我在课上讲过"来而不往非礼也"这段话之后不久，小家伙因为皮肤过敏，中午拿着药到我这儿来了："老师，我要吃药！"我想机会来了，故意漠不关心地看着别处。她又说："老师，我要吃药！"我继续装："那你吃啊！"她说："要麻烦你帮我泡一下！"——我校教室里没有饮水装置，学生吃药都要到办公室请老师帮忙泡好。我终于转向她："哦——你觉得老师会给你泡吗？"她不作声。我说："老师说过，谁喜欢我、听我的话我就喜欢谁、听谁的话、帮谁做事，你听我的话了吗？"她小声说："没有！"我说："哦——"小家伙很聪明："老师，我以后听你的话！"我说："好！看你年纪小不懂事，这一次老师就不跟你计较了，我先给你把药泡了吧！不过，下次你再不听我的话，你有事找我我也不理你了！"她说："谢谢老师！"我给她泡好药，小心地帮她送到座位上："小心烫哦！"她笑眯眯地冲我说："谢谢波波老师！"我知道，一切比以前好办多了。

定时升级，随时熏陶

当然，要帮助学生养成认真学习的习惯，除了使用上节所述的方法，我们还要随时对他们进行熏陶。

一、巧用教学内容

当教学内容里有相应的话题时，"认真"的意识才能在学生的脑袋里根深蒂固、枝繁叶茂：

◆ 学习《邓小平爷爷植树》中的那句"邓爷爷挑选了一棵茁壮的柏树苗，小心地移入树坑"，我问孩子们："邓爷爷是怎样把小树苗移入树坑的呀？"

孩子们回答："小心地移入树坑！"

"为什么要'小心地移'啊？为什么不'随随便便地移'啊？"

孩子们众说纷纭，有几个说的是"因为他做事认真"。

我说："对呀！邓爷爷做什么事都认真，移树苗也小心地移。要是有些人就会随随便便地移、毛毛躁躁地移，一下子就会把树苗弄断了，多不好呀！所以，我们要向邓爷爷学习，做什么事情都认认真真地做——认认真真地听课，认认真真地读书，认认真真地写字，认认真真地劳动……好不好？"

"好！"那声音很响亮，虽然它不能代表着百分百的行动，但听起来让人备感舒服。

又讲到"他站到几步之外仔细看看，觉得不很直，连声说：'不行，不行！'又走上前把树苗扶正。"

我又问:"邓爷爷种完就走了吗?"

"没有!"

"他种完树后做了什么?"

"他站到几步之外仔细看看!"

"为什么要看看?"

"看栽好没有!"

"对了!看栽好没有,栽直没有。那我们做完事情后要怎么做呢?"

"也要检查检查看做好没有!"

"非常棒!我们以后做完事情也要检查检查,看看做好了没有!老师再问你们:邓爷爷检查的结果怎么样?树栽直了没有?"

有的孩子说:"不直!"有的孩子说:"不很直!"

我问:"到底是'不直'还是'不很直'?"

这下异口同声了:"不很直!"

"'不很直'是什么意思?是'非常不直'还是'有一点点不直'?"

"是'有一点点不直'!"

"要是有的人看到是'有一点点不直',就会想算了,不直就不直吧,但邓爷爷是怎样做的呢?"

"邓爷爷又走上前把树苗扶正!"

"邓爷爷真棒!树苗'有一点点不直'都要扶正,我们该怎么做呢?"

"向邓爷爷学习!"

"对了!我们要向邓爷爷学习,一点小小的错误也要改正——读书的时候,有一点小小的错误也要改正;写字的时候,有一点小小的错误也要改正;做题的时候,有一点小小的错误也要改正……这样才是认真学习的孩子!"

◆ 学习一年级下册"识字2"的"父母教,认真听"一句,我又说:"不仅父母的教导要认真听,老师的话也要认真听哦!"

◆ 学习《失物招领》:"同学们围着园林工人张爷爷,听他介绍每一种花草树木,听得可专心了!"

"孩子们是怎样听张爷爷介绍花草树木的啊?"

"是专心地听!"或者:"'听得可专心了'!"

"真棒!那你们听老师讲课的时候,有没有'听得可专心了'呢?"

有的孩子回答得理直气壮,有的孩子则明显底气不足。

"那么,我们以后也像课文里的'同学们'一样'听得可专心了',好不好?"

"好!"这声音,听着可让人开心了!

◆ 学完文言文《学弈》,我让孩子们仿照文章写写我们班的事情。在我的引导下,孩子们基本能写出:"学文——波波,含浦之善文者也。使波波诲二十五人文。部分人专心致志,唯波波之为听;部分人虽听之,一心以为下课铃将至,思至操场疯狂玩之。虽与之俱学,弗若之矣。为是其智弗若与?曰:非然也。"这样一来,学生自然将文章内容与自己的实际情况结合起来。我再略加说明,大功告成矣。

"学弈的两个人,为什么后一个人没有学好下棋呢?是因为老师水平不行吗?当然不是,他们的老师弈秋,'通国之善弈者也',是全国善于下棋的人,老师水平不可谓不高,可为什么后一个人没学好呢?他'虽听之,一心以为有鸿鹄将至,思援弓缴而射之'。换言之,就是不专心听讲,爱胡思乱想。老师教得再好,他没有听也是枉然。所以,'虽与之俱学,弗若之矣'。虽与前一个人一起学习,却不如前一个人。是因为他的智商不如他吗?当然不是,而是因为他的学习态度不行。"

"同样,波波老师虽然算不上通国之善文者也,但我自信教你们是绰绰有余。但为什么你们一起学习,却'弗若之矣'呢?还不是因为有些人'专心致志,唯波波之为听',而有些人却'一心以为下课铃将至,思至操场疯狂玩之',所以,大家都应该学习专心致志的那个人,而不要学习'一心以为有鸿鹄将至'的那个人！"

二、巧用"学样"心理

大多数人都有"学样"的心理，就如有些人过马路不是看红绿灯，而是凑齐了一撮人就走一样。所以，为了随时提醒学生，当那些滴溜溜的眼睛又开始游离的时候，我总是会说：

"某某某坐得真好！奖一颗星！"

"某某某听得最认真，奖一颗星！"

当谁谁谁写的字不那么好看的时候，我就会说：

"某某某的字写得真端正！"

……

在很多时候，我发现表扬"某某某听得最认真"比喊"一二三"的效果还要好。当然，学生个性不同，还是要具体情况具体分析。

除了评选"认真学习之星"，我还会将最认真的学生评为"认真学习小榜样"，利用孩子们的"学样"心理，让更多的孩子学会认真学习！

操作培训，有的放矢

学生认真学习的习惯，不可能说有就有，还需要我们对他们进行一些专门的训练。接下来就让我们进入"注意力集中训练"程序吧！

一、认真看

1. 认真看，找卡片

①每个学生准备一份扑克牌或相同的识字卡片。

②教师展示一张卡片。

③学生迅速找出卡片，找好后把正面朝向教师举起来。

④找得最慢的学生给大家鞠一个躬或者说一声："不好意思，我最慢！下次我一定努力！"

注：训练到一定程度后，教师可以一次拿两张卡片、三张卡片……

2. 认真看，找差异

①教师出示两张大图片，让学生看清楚，两张图片除了有一两处不同以外，其他地方都相同。

②看谁最快找出两张图片的不同之处。

注：教师也可以出示两个形近字，这样就可以顺便让学生辨别形近字。或者还可以用多媒体等出示两句稍有不同的句子，让学生找出两者之间的差异，比如：

A. 树林里的动物和植物充分享受着大自然的阳光和雨露，自由自在地成长。

B. 森林里的动物和植物充分享受着大自然的阳光和雨露，自由自在地生长。

3. 认真看，记东西

①教师出示一张大图，图片上有很多事物。

②看谁记的数量多。

注：低年级学生可以用说的方式，中高年级学生可以用写的方式。

4. 认真看，认真写

①教师出示汉字。

②学生看完后抄写下来，抄得没有错误的才能得分。

注：出示方法可以是以卡片出示，也可以是写在黑板上后赶紧擦掉，当然最好的方法是利用多媒体，将出示的词语做成幻灯片，根据等级设置幻灯片变换的时间，每个学生准备一张答卷。比如：

第一关：每张幻灯片一个汉字，切换时间为20秒，一关20个单字。

第二关：每张幻灯片一个汉字，切换时间为15秒，一关20个单字。

第三关：每张幻灯片一个汉字，切换时间为10秒，一关20个单字。

第四关：每张幻灯片一个汉字，切换时间为5秒，一关20个单字。

第五关：每张幻灯片一个两字词语，切换时间为20秒，一关10个词语。

第六关：每张幻灯片一个两字词语，切换时间为18秒，一关10个词语。

第七关：每张幻灯片一个两字词语，切换时间为16秒，一关10个词语。

第八关：每张幻灯片一个两字词语，切换时间为14秒，一关10个词语。

第九关：每张幻灯片一个两字词语，切换时间为12秒，一关10个词语。

第十关：每张幻灯片一个两字词语，切换时间为10秒，一关10个词语。

第十一关：每张幻灯片一个三字词语，切换时间为20秒，一关10个词语。

第十二关：每张幻灯片一个三字词语，切换时间为18秒，一关7个词语。

第十三关：每张幻灯片一个三字词语，切换时间为16秒，一关7个词语。

第十四关：每张幻灯片一个三字词语，切换时间为 14 秒，一关 7 个词语。

第十五关：每张幻灯片一个四字词语，切换时间为 20 秒，一关 5 个词语。

第十六关：每张幻灯片一个四字词语，切换时间为 18 秒，一关 5 个词语。

第十七关：每张幻灯片一个四字词语，切换时间为 16 秒，一关 5 个词语。

第十八关：每张幻灯片一句五言诗，切换时间为 50 秒，一关 4 句诗。

第十九关：每张幻灯片一句五言诗，切换时间为 40 秒，一关 4 句诗。

第二十关：每张幻灯片一句七言诗，切换时间为 60 秒，一关 3 句诗。

……

当然，每张幻灯片上的内容、切换时间，以及分成几关、每关多少个，都可以根据自己的喜好和学生的具体情况去设定，还可以在活动时根据学生的情况重新设定。如果学生表现得非常不理想，则可以延长变换时间；如果学生写完后还有较多时间，就可以缩短变换时间。

这是一个非常好的游戏，我在使用时收获很大，原本是用来训练孩子们学会认真的。开始我也只是出示单个的字和两字词语，后来发现孩子们玩游戏时特别认真，比我正儿八经地带着他们复习时认真多了，所以，我决定拓展它的用途。除了让它帮助孩子们识字写字，我还在三字词语里增加了"绿油油""慢吞吞"等 ABB 型词语，这是低年级的常考内容。而对于四字词语，除了将本册的成语"搜刮"进去以外，我还会出示比如"一辆汽车""一挺机枪"之类的量词让他们记忆，有时还将一对近义词或反义词放在一起。它完全可以成为我们带领学生复习功课的最佳工具。

而且，我还印制了"'火眼金睛'认真看·认真写升级统计表"，把学生升级的情况公示在教室里。学生每过一关就把对应的方格涂上红色，一关一关过下来，就自然成了一个"柱形统计图"，老师和学生都可以对学生的过关情况一目了然。通过这样的活动和统计，很好地调动了学生的积极性！

姓名	×××	×××	×××	×××	×××
……级		■			
九级	■	■		■	
八级	■	■	■	■	
七级	■	■	■	■	
六级	■	■	■	■	■
五级	■	■	■	■	■
四级	■	■	■	■	■
三级	■	■	■	■	■
二级	■	■	■	■	■
一级	■	■	■	■	■

5. 认真看，去哪儿

①教师取三张不同的识字卡片，随意排列于桌上，比如，从左到右依次是"说""话""高"。

②选取一张要记住的卡片，比如"高"，让学生盯住这张识字卡片仔细看。

③教师把三张识字卡片倒扣在桌上，然后随意更换三张卡片的位置。

④教师让学生报出"高"字在哪儿。可让学生左手向左伸表示那个字在左边，右手向右伸表示那个字在右边，双手合十表示那个字在中间，也可以制作"左""中""右"的卡片让学生举起来。因为第一种方法很方便，我基本上都是用第一种方法。

注：这种游戏可以玩很多次，同桌可以互相记录每个人猜对的次数，然后，教师表扬每次都猜对的学生，也可以印制一张"英雄榜"，将学生猜对的情况记录下来。条件允许的话，教师还可以给予学生一定的奖励。

还可以让学生在课堂或者课余时间自己玩这种游戏，两人一组，或者多人一组，一人移动卡片，其他人猜，猜对后就换猜对的人移动卡片，人数多的情况下可以轮流来。随着学生能力的提高，教师可以增加难度，比如，增加识字的数量、变换识字卡片位置的次数以及提高变换识字卡片位置的速度。

这种游戏可以锻炼学生注意力的高度集中和快速反应能力。由于是游戏，符合孩子的心理特点，非常受孩子欢迎，玩起来孩子的积极性也很高。每天坚持玩一阵，不仅学生的注意力会有所提高，而且顺便巩固了识字教学。

二、认真听

1. 认真听，找卡片

①每个学生准备一副扑克牌或相同的识字卡片。

②教师说出一个名称，比如扑克牌上的"红心7""黑桃K"等或者识字卡片上的汉字或词语。

③学生找出教师读出的扑克牌或识字卡片，找好后把正面朝向教师举起来。

④找得最慢的学生给大家鞠一个躬或者说一声："不好意思，我最慢！下次我一定努力！"

2. 认真听，写数字

①每个学生准备一张答卷。

②教师口头报数字，学生记录下来。

③按照数字多少分级，一个数字为一级，两个数字为二级……十个数

字为十级（当然还可以更多），每级 10 题（到后面几级可减为 5 题），答对一个得 1 分或 10 分，满分者升级。比如：

一级：9、8、4、3、2、6、1、0、5、7

二级：12、45、98、43、25、97、88、05、83、65（教师只读数字如"一二""四五"而不读"十二""四十五"）

三级：365、987、056、403、700、111、438、987、242、686

四级：1987、9653、6907、4774、5630、4832、3884、9987、4673、0030

五级：……

注：本活动适用于一年级初；同时，教师可制定一个升级表张贴在教室里，使学生更具积极性。

3. 认真听，抓住你

①初级版：教师每念一个词语，学生认真听，听到某一类事物时举手。

比如，当听到电器时就马上举起手：

凳子 课桌 洗衣机 篮球 电视机 自行车 书包 电冰箱 作业本 葡萄 空调 电风扇 电话机 被子 杯子 钢笔 手机 羽毛球 打火机 飞机 刀剑

比如，当听到水果时就马上举起手：

苹果 白菜 萝卜 香蕉 西瓜 书包 松鼠 菠萝 芹菜 电脑 人参 红枣 榴莲

②高级版：教师每念一个词语，学生认真听，听到某一类事物时马上举起右手，听到另一类事物时马上举起左手。比如，听到电器时马上举起右手，听到学习用品时马上举起左手。

凳子 课桌 洗衣机 篮球 电视机 自行车 书包 电冰箱 作业

本 葡萄 空调 电风扇 电话机 被子 杯子 钢笔 手机 羽毛球
打火机 飞机 刀剑

4. 认真听，有几个

①初级版：同一个字反复出现，学生记下该字出现的次数。

比如，认真听，有几个"一"字：

一帆一桨一渔舟，一个渔翁一钓钩。一俯一仰一场笑，一江明月一江秋。

比如，认真听，有几个"片"字：

一片两片三四片，五六七八九十片。千片万片无数片，飞入梅花看不见。

②中级版：出现两个易混字，学生记下某字出现的次数。

比如，认真听，有几个"三"字：

三娘在山上放三只山羊，三只山羊翻过山梁，三娘翻过山梁去找三只山羊。三只山羊躲在杉树旁，三娘找到三只山羊。

③高级版：出现三个及三个以上易混字，学生记下某字出现的次数。

比如，认真听，有几个"四"字：

司小四和史小世，四月十四日十四时四十上集市，司小四买了四十四斤四两西红柿，史小世买了十四斤四两细蚕丝。司小四要拿四十四斤四两西红柿换史小世十四斤四两细蚕丝。史小世十四斤四两细蚕丝不换司小四四十四斤四两西红柿。司小四说我四十四斤四两西红柿可以增加营养防近视，史小世说我十四斤四两细蚕丝可以织绸织缎又抽丝。

注：在这里，教师可以告诉学生用"正"字来记录个数的方法——每

听到某字出现一次就写上"正"字的一笔,一个"正"字代表某字出现了5次。当然,也可以让学生在听到某字出现一次后就在纸上画一个圈。

5. 认真听,写汉字

①每个学生准备一张答卷。

②教师口头报数字,学生记录下来。

③按照数字多少分级,一个数字为一级,两个数字为二级……十个数字为十级(当然还可以更多),每级10题,答对一个得1分或10分,满分者升级。低年级学生在学完"一"至"十"后,可以模仿听写数字游戏进行写汉字数字比赛。比如:

一级:十、八、四、三、一、二、五、七、六、九

二级:八七、五四、九三、四二、六九、三四、二一、十七、二八、四六

三级:八四五、三二九、六八五……

当然,认真听写汉字主要是指听写数字以外的其他汉字。比如:

一级:天、人、口、入、大、儿、田、电、白、云

二级:大人、水田、力气、音乐、木耳、火星、羽毛、月季、华山、火车

三级:花果山、无人区、万年历、太平洋、动画片、石家庄、大白菜、自行车、西门子、罗汉果

四级:井井有条、念念不忘、心平气和、目中无人、眉开眼笑、出口成章、走马观花、风雨同舟、笨鸟先飞、水天一色

五级(可选五字成语或五言诗句):举头望明月、春眠不觉晓、夜来风雨声、民以食为天、桃李满天下、十八般武艺、日久见人心、行行出状元、盘古开天地、更上一层楼

六级:一个鼻孔出气、一不做二不休、一而再再而三、一传十十传百、

三寸不烂之舌、大开方便之门、天无绝人之路、天有不测风云、无所不用其极、不知天高地厚

七级（可选七言诗句）：草长莺飞二月天、小荷才露尖尖角、树阴照水爱晴柔、儿童散学归来早

八级：百足之虫死而不僵、成事不足败事有余、八仙过海各显神通、百尺竿头更进一步、比上不足比下有余、旁观者清当局者迷、兵来将挡水来土掩、不求有功但求无过、病从口入祸从口出

九级：做一天和尚撞一天钟、不吃羊肉空惹一身膻、搬起石头砸自己的脚、冰冻三尺非一日之寒、不以规矩不能成方圆、千金之裘非一狐之腋、七年之病求三年之艾、士别三日当刮目相看、凡事预则立不预则废、一尺水翻腾做百丈波

十级：若要人不知除非己莫为、临渊羡鱼不如退而结网、留得青山在不愁没柴烧、三个臭皮匠赛过诸葛亮、瓜田不纳履李下不整冠、长他人志气灭自己威风、海内存知己天涯若比邻、秀才不出门全知天下事、一朝被蛇咬十年怕井绳、公说公有理婆说婆有理

注：此方法可在学生会写一定数量的汉字以后使用，这个方法考查的不仅仅是学生的听力，还有学生平时的知识积累。学生不仅要听清楚，还要知道汉字怎么写。如此，既训练了学生认真听的能力，又巩固了他们对于汉字、词语、成语、谚语、诗句等的记忆。当然，我们还可以制订一个升级表张贴在教室里，使学生更具积极性。

三、认真找

1. 按顺序找数字

①教师在一张有25个小方格的表中，将1—25的数字打乱顺序，填写在表格（如下表）中。

21	12	7	1	20
6	15	17	3	18
19	4	8	25	13
24	2	22	10	5
9	14	11	23	16

②教师要求学生以最快的速度从 1 数到 25，要边读边指出，同时计时。

注：教师可设置一定的奖惩规则，也可以多制作几张类似的训练表，每天训练一次，相信学生的注意力水平一定会逐步提高！

2. 按顺序找古诗

①教师在一张有 20 个小方格的表中，将一首五言律诗中的汉字顺序打乱，填写在表格（如下表）中。

处	不	闻	落	觉
风	夜	多	声	处
少	知	春	晓	鸟
啼	眠	来	花	雨

②教师要求学生以最快的速度找出这首诗，并边读边指出，同时计时。

注：教师可设置一定的奖惩规则，以强化学生的参与性。

四、"开火车"游戏

①几个学生并排站在讲台上，每人手里拿着一张地名卡片作为站名。比如，第一个学生拿着"北京"，第二个学生拿着"上海"，第三个学生拿着"广州"……

②通过对话来开动"火车"。比如，第一个学生拍手喊："北京的火车就要开。"大家一齐拍手喊："往哪开？"第一个学生拍手喊："广州开。"然后第二个学生要马上接口："广州的火车就要开。"大家再次齐拍手喊："往哪开？"第三个学生拍手喊："上海开。"……

③火车开到谁那儿,谁就得马上接上口。"火车"开得越快越好,中间不要有间歇。哪个"站长"没接上,就得给大家鞠一个躬或表演一个节目。

注:这个游戏由于要求做到口、耳、心并用,因此能让学生的注意力高度集中,同时也锻炼了学生的快速反应能力。而且这种游戏的气氛活跃,能调动孩子的积极性,孩子玩起来乐此不疲。

玩这个游戏需要三人以上。当然,我们可以玩得更疯狂一点,让全班学生都参与进来,每个人坐在自己的位置上喊即可。

我们还可以将"开火车"游戏变成"串门子"游戏:每个人手里拿一个动物的名称,比如,第一个学生拿"小狗",第二个学生拿"小马",第三个学生拿"大象"……然后,第一个学生喊:"小狗小狗要出发!"大家一齐喊:"到谁家?"第一个学生喊:"大象家!"然后第三个学生马上接着喊:"大象大象要出发!"……当然,也可以将动物名称换成人物称谓,比如:"妈妈妈妈要出发!""到谁家?""姨妈家!"……

定时提醒,有力监督

科学证明,小孩子注意力集中的时间非常短暂,想一劳永逸,是不可能的。这帮小家伙们,是那么善变,刚刚还在你的甜言蜜语下乖乖说要好好听课、认真学习,可转眼就跑到了自己思维的小世界里,"翻脸不认人"了!于是,我只能一次又一次不厌其烦地把这些喜欢"逃逸"的小家伙"抓"回来!一次又一次!

一、语言提醒

这个方法,老师们用得比较多,比如:

老师喊:"一二三!"学生回答:"快坐好!"

老师喊:"谁是好宝宝?"学生回答:"我是好宝宝!"

当然,我还会这样提醒:

"谁的小眼睛看得最认真啊?"

"看看谁坐得最端正呀?"

"某某某坐得最好!"

"某某某最认真!"

……

慢慢地,我只需要击掌三次,很多孩子就会明白我的意思。而在看到有的孩子听到我的击掌声坐好之后,我还会加上一句:"某某真聪明,知道老师在提醒大家干什么。"给那个听懂我的击掌声并坐好的孩子贴上"聪明"的标签后,很多孩子无疑也都不想做不聪明的人,自然也就坐好了。后来,我会直接说:"嗯!聪明的孩子就是可爱!"再给他们戴上"可爱"的帽子。小家伙们自然很喜欢这些帽子,我也就"阴谋得逞"了。

还有些时候,我说:"小手放桌上!"学生一边按指示做好一边答:"放桌上!"我说:"小眼睛看黑板!"学生一边按指示做好一边答:"看黑板!"我说:"小手指着书!"学生一边按指示做好一边答:"指着书!"这样,一方面是一种强调,另一方面,对于第一次没有听到我的命令的学生,可以在其他学生回答时得到提醒,使得提醒面基本做到"无微不至"。

二、眼神提醒

为了让孩子们的注意力停留在我这儿久一点、更久一点,我会这样对孩子们说:"你们都知道嘴巴能说话,但你们说说,眼睛可以说话吗?脸可以说话吗?"孩子们有的说"可以",有的说"不可以"。我笑了,说:"其实眼睛和脸也可以说话，不过是没有声音的，需要你用眼睛仔细去看。要不，你们试试看，能不能看懂老师用眼睛、用脸说的话。"

我笑眯眯地看着一个孩子："你说，我的脸在说什么呀？"

"像是在表扬我。"小家伙怯生生地说。

我说："你真聪明！老师如果这样子看着你，就是对你说：'你真棒！老师很喜欢你！'"

然后，我对着一个孩子皱了皱眉头，嘟了嘟嘴巴："你说，我的脸在说什么呀？"

"是不是说我做错了什么呀？"小家伙怯生生地说。

"对啦！你真聪明！刚才老师只是做个示范，不是你真做错了事！老师只是告诉你们，要是以后你们谁上课时不认真，我就会这样子用眼睛对他说：'你这样做是不对的，赶紧改过来！'——你们这么可爱，老师时时想表扬你们，想说'爱你们'。还有，你们还太小，有些同学不能一直管好自己，一下子没坐好了，一下子做小动作了，可是，老师还要上课呀，要给你们传授知识呀，没有那么多时间说'你真棒''你真可爱''赶快坐好'，所以，老师只好用眼睛说、用脸说，你们看得懂吗？那么，以后你们可以看懂老师的脸'说'的话了吗？"

从那以后，很多小家伙学会了和我进行眼神的交流，不需要我不停地去进行口头表扬和批评了。

而且，到后来，当我的眼睛在谁的身上停留较长时间时，其他孩子就会一起喊那个"开小差"的孩子的名字，而不用我亲自动口了。

三、手势提醒

除了眼神，手势当然也是有效提醒的一种方法。

◆ 当学生的声音有点大时，我会将手指放在闭着的嘴边，聪明的孩子就会停下那叽叽喳喳的小嘴了。

◆ 当说完一个问题，希望孩子们举手回答时，我当然会"身先士卒"地举起手来！

◆ 当某个孩子在做小动作时，我会一边讲课一边给他做一个"不"的手势！

◆ 当某个孩子上课在吃口香糖、泡泡糖等时，我会给他指示垃圾桶的位置，他会自觉地去吐掉。

◆ 当某个东西需要写下来时，我会做"写"的动作，孩子们就心领神会了。

◆ 当我让孩子"小手指着书"时，只要用右手食指点三下就可以了。

四、表格提醒

为了"抓住"这些调皮的小家伙，让他们养成认真学习的习惯，我印制了"认真学习记录表"张贴在教室里，让每个学生都有"一亩三分地"，对学生每堂课的行为进行记录。

做到了"认真学习"的，就用红笔给他画一颗"☆"，比如，特别遵守纪律的，及时跟上了老师教学步伐的——该看书时看书、该"小手指着书"时指着书、该写字时写字、该看黑板时看黑板……而那些没有做到这些要求的学生，若在提醒之后还不改，则用黑笔给他画一个小小的"○"。

所以，每次上课时，只要不需要板书，我基本上都站在黑板旁贴的评价表格旁边。看到谁认真学习了，我就在他的名字下面画一颗"☆"；看到谁不认真学习了，我就在他的名字下面画一个"○"。还别说，每次只要我将手中的笔举到评价表格旁边，学生马上就变得认真了！

为了让学生不因为自己已经有了一个"○"而丧失积极性，我又规定，"每五颗'☆'可以取消一个'○'"，这样，一不小心得了"○"的学生会更加认真地学习，因为他们必须比别人表现得更好才有可能获得奖励。

五、奖状控温

每周结束后，我会对学生认真学习的情况进行总结，给得"☆"最多的几个学生颁发"认真学习之星"奖状。于是，每个周末，我就成了"数星星的孩子"，学生对那些小星星几乎敬若神明，课堂纪律也就基本不用我操心了。

为了扩大奖励面，让全体学生都充满正能量，我还会采用"四周一轮"的奖励方法，即每一轮的第一周获得奖状的学生，第二周、第三周、第四周不连续奖励奖状。也就是，第一周得到了奖励的前三名，在第二周评选时如果表现仍然很好，还会被评为"认真学习之星"，但是不获得奖状，而将名次往后推，奖励第四、五、六名……依此类推，获得奖励的学生就会很多，而不仅局限于表现最好的几名学生。这样将"蛋糕分匀"，既避免了有些学生获奖过多而自我膨胀，也防止有些学生因自卑气馁而变成"老油条"。

此外，颁奖的时间也有讲究，开始我是在星期五放学前颁奖，后来觉得学生拿到奖状后的正能量都在双休日浪费掉了，就将颁奖的时间定在每周一的早晨。这样，获奖学生充满自信和快乐的状态最少可以维持整个学习日，甚至可以持续更长时间，而这一段时间的学习效果也一定更好。

六、惩罚监督

当然，有奖还得有罚，才能起到震慑作用。对于那些违反纪律、屡教不改的学生，我会把他请到教室后边听课以作为警告。如果被警告后能够认真听课，则可以下课后去玩耍；如果被警告后依然不认真学习，那下课后他就只能看着其他孩子快乐游戏了。这种滋味绝不好受，一般情况下，学生是不希望有太多这样的经历的，下次自然就会认真学习了。

这样"威逼""利诱"双管齐下，学生有的为"表扬""奖状"而学习，有的因不想被"剥夺玩耍的权利"而学习，久而久之，自然就养成了认真学习的习惯。

【附录1】 "认真学习之星" 评选细则（低年级版）

为了使同学们养成认真学习的习惯，特开展"认真学习之星"评选活动，具体规则如下：

认真听课

①上课时及时进教室的，奖一颗星。

②进教室后主动坐好，不乱动，不说话（一年级新生在班长带领下背诵"上课铃声响，赶快进教室，不说话，坐端正，乖乖等老师"）的，奖一颗星。

③坐在座位上，准备好学习用品的，奖一颗星。

④上课时认真听讲，不吃零食，不乱说话，小手乖乖放在桌上，眼睛能根据需要看黑板、看屏幕、看书本的（看书本、试卷等时还要能做到"老师讲到哪儿，小手指到哪儿"），奖一颗星。

⑤老师安排翻书、写字等任务时马上做好的，奖一颗星。

⑥老师喊"一二三"，能马上回答"快坐好"，并能真正坐好的，奖一颗星。

认真书写

①书写没有错误的，奖一颗星。

②书写工整、美观的，奖一颗星。

③书写出现错误时，用橡皮擦擦得很干净，没有黑团、污迹等的，奖一颗星。

④大幅书写时，格式正确、行列整齐的，奖一颗星。

⑤练习本、练习册上,书写工整,格式正确,行列整齐,不在封面或其他不需要书写的地方乱写乱画的,奖一颗星。在练习本或练习册等上面乱写乱画的,画一个圈。

认真做题

①认真读题,没有错误的,奖一颗星。读错题目的,画一个圈。

②认真审题,明确题目要求,知道题目要求做几步的,奖一颗星。看错题目而做错的,画一个圈。

③认真做题,一步一步按照老师的要求来做的,奖一颗星。

④步骤完整(如语文题目组完词语再造句等,数学题目要求作答等)的,奖一颗星。少做一个或几个步骤的,画一个圈。

⑤做完以后,认真检查的,奖一颗星。

认真发言

①发言前先举手的,奖一颗星。发言前不举手的,画一个圈。

②发言时起立,姿势端正的,奖一颗星。

③发言时声音响亮的,奖一颗星。

④发言时话语流利的,奖一颗星。

⑤认真听其他同学发言的,奖一颗星。不认真听其他同学发言的,画一个圈。

认真作业

①认真听好老师布置的作业,尽量不另外再去问老师,实在没听清楚,可以再问一问,一定要弄清楚作业任务。以"不知道作业任务"为由而没有完成作业的,画一个圈。

②做作业时认真看题,认真书写,尽量不多做或少做。多做或少做的,画一个圈。书写不工整,格式不正确等的,画一个圈。

③作业做完,检查以后放回书包里。以"作业忘在家里了"等为借口的一律等同于没有做作业,画一个圈。

认真考试

①拿到试卷后认真检查试卷,看试卷有没有缺页或印刷等问题,有问题马上举手询问的,奖一颗星。

②拿到试卷后认真书写学校、班级、姓名等的,奖一颗星。

③认真读题,整张试卷没有因为看错题而做错的,没有漏掉题目的,奖一颗星。

④认真做题,按顺序做题,书写工整,题目全部做完的,奖一颗星。

⑤做完之后认真检查,而不是坐在座位上玩耍的,奖一颗星。

(仅供参考,老师们可根据具体情况增删、修改)

【附录2】"认真学习之星"评选细则(中年级版)

为了使同学们养成认真学习的习惯,特开展"认真学习之星"评选活动,具体规则如下:

认真听课

①上课时及时进教室,主动坐好,不乱动,不说话的,奖一颗星。

②坐在座位上,准备好学习用品的,奖一颗星。

③上课时认真听讲,不吃零食,不乱说话,小手乖乖放在桌上,眼睛能根据需要看黑板、看屏幕、看书本的,奖一颗星。

④老师安排翻书、写字等任务时马上做好的,奖一颗星。

⑤老师击掌三次后能主动坐好的,奖一颗星。

认真书写

①书写没有错误,工整、美观的,大幅书写时,格式正确、行列整齐的,奖一颗星。抄写出现错误的,画一个圈。

②书写出现错误时,用橡皮擦擦得很干净,没有黑团、污迹等的,奖一颗星。一次任务超过五次错误,或到处是黑团、污迹等的,画一个圈。

③练习本、练习册上，书写工整，格式正确，行列整齐，不在封面或其他不需要书写的地方乱写乱画的，奖一颗星。在练习本或练习册等上面乱写乱画的，作业本、练习册、试卷等污秽不堪的，画一个圈。

认真做题

①认真读题，没有错误的，奖一颗星。读错题目的，画一个圈。

②认真审题，明确题目要求，知道题目要求做几步，一步一步按照要求来做的，奖一颗星。看错题目而做错的，画一个圈。

③认真做题，步骤完整（如语文题目组完词语再造句等，数学题目要求作答等）的，奖一颗星。少做一个或几个步骤的，画一个圈。

④做完以后，认真检查的，奖一颗星。题目中的抄写有显而易见错误而没有检查出来的，画一个圈。

认真发言

①发言前先举手的，奖一颗星。发言前不举手的，画一个圈。

②发言时起立，姿势端正，话语流利，声音响亮的，奖一颗星。

③认真听其他同学发言的，奖一颗星。不认真听其他同学发言的，画一个圈。

认真作业

①认真听好老师布置的作业，尽量不另外再去问老师，实在没听清楚，可以再问一问，一定要弄清楚作业任务。以"不知道作业任务"为借口而没有完成作业的，画一个圈。

②做作业时认真看题，认真书写，尽量不多做或少做。多做或少做的，画一个圈。书写不工整，格式不正确等的，画一个圈。

③作业做完，检查以后放回书包里。以"作业忘在家里了"等为借口的一律等同于没有做作业，画一个圈。

认真考试

①拿到试卷后认真检查试卷，看试卷有没有缺页或印刷等问题，有问

题马上举手询问，拿到试卷后认真书写学校、班级、姓名等的，奖一颗星。

②认真看题，整张试卷没有因为看错题而做错的，没有漏掉题目的，奖一颗星。

③认真做题，按顺序做题，书写工整，题目全部做完的，奖一颗星。

④做完之后认真检查，而不是坐在座位上玩耍的，奖一颗星。不做题或不检查的，画一个圈。

（仅供参考，老师们可根据具体情况增删、修改）

【附录3】"认真学习之星"评选细则（高年级版）

为了使同学们养成认真学习的习惯，特开展"认真学习之星"评选活动，具体规则如下：

认真预习

①课前认真预习，能回答出老师提的初级（我将检测预习的题目分为初级、中级、高级三类）问题的，奖一颗星。

②课前认真预习，能回答出老师提的中级问题的，奖两颗星。

③课前认真预习，能回答出老师提的高级问题的，奖三颗星。

认真听课

①上课时及时进教室，主动坐好，不乱动，不说话，坐在座位上，准备好学习用品的，奖一颗星。

②上课时认真听讲，不吃零食，不乱说话，小手乖乖放在桌上，眼睛能根据需要看黑板、看屏幕、看书本的，奖一颗星。

③老师安排翻书、写字等任务时马上做好的，奖一颗星。

④老师击掌三次后能主动坐好的，奖一颗星。

认真书写

①书写没有错误，工整、美观的，大幅书写时，格式正确、行列整齐

的，奖一颗星。抄写出现错误的，画一个圈。

②书写出现错误时，用橡皮擦擦得很干净，没有黑团、污迹等的，奖一颗星。一次任务超过五次错误，或到处是黑团、污迹等的，画一个圈。

③练习本、练习册上，书写工整，格式正确，行列整齐，不在封面或其他不需要书写的地方乱写乱画的，奖一颗星。在练习本或练习册等上面乱写乱画的，作业本、练习册、试卷等污秽不堪的，画一个圈。

认真做题

①认真读题，没有错误的，奖一颗星。读错题目的，画一个圈。

②认真审题，明确题目要求，知道题目要求做几步，一步一步按照要求来做的，奖一颗星。看错题目而做错的，画一个圈。

③认真做题，步骤完整（如语文题目组完词语再造句等，数学题目要求作答等）的，奖一颗星。少做一个或几个步骤的，画一个圈。

④做完以后，认真检查的，奖一颗星。题目中的抄写有显而易见错误而没有检查出来的，画一个圈。

认真发言

①发言前先举手的，发言时起立，姿势端正，话语流利，声音响亮的，奖一颗星。发言前不举手的，画一个圈。

②认真听其他同学发言的，奖一颗星。不认真听其他同学发言的，画一个圈。

认真作业

①认真听好老师布置的作业，尽量不另外再去问老师，实在没听清楚，可以再问一问，一定要弄清楚作业任务。以"不知道作业任务"为借口而没有完成作业的，画一个圈。

②做作业时认真看题，认真书写，尽量不多做或少做。多做或少做的，画一个圈。书写不工整，格式不正确等的，画一个圈。

③作业做完，检查以后放回书包里。以"作业忘在家里了"等为借口

的一律等同于没有做作业，画一个圈。

认真复习

①自习课能够自己看书写字的，奖一颗星。

②自习课可以自己出题目给自己做，或是与同学相互出题目做的，奖两颗星。

③期中或期末复习时，能够自己整理复习资料，并有一定质量的，奖三颗星。

认真考试

①拿到试卷后认真检查试卷，看试卷有没有缺页或印刷等问题，有问题马上举手询问，拿到试卷后认真书写学校、班级、姓名等的，奖一颗星。

②认真看题，整张试卷没有因为看错题而做错的，没有漏掉题目的，奖一颗星。

③认真做题，按顺序做题，书写工整，题目全部做完的，奖一颗星。

④做完之后认真检查，而不是坐在座位上玩耍的，奖一颗星。不做题或不检查的，画一个圈。

（仅供参考，老师们可根据具体情况增删、修改）

第二章
让学生养成有效学习的习惯

有效才是王道

如何培养学生有效学习的习惯

有效才是王道

凡事还是要有效果,正如那句广告词说的:"别看广告,看疗效!"我们也要让学生的学习有效才行。虽然我不赞成应试教育,但我也相信没有人会认为一个教学成绩不理想的老师会是一位好老师。所以,虽然我们不应该为了学生的考试成绩而书山题海、打疲劳战术,但是,让学生多学点知识却是教师应尽的职责。让学生的学习有效果、多学点知识是我们的必修功课,也是衡量一个教师是不是好老师的标准之一。

很多人喜欢说自己"没有功劳,也有苦劳",我并不否认这句话,可如果一直都没有功劳,只有苦劳,那就是典型的劳而无功,是典型的无效工作的体现。假如只有苦劳却没有功劳,老师的工作热情肯定会受影响;假如没有功劳而只有苦劳,老师的身体也会受不了。

采取有效方法,让自己多一点功劳,少一点苦劳,同时也让学生多一点功劳,少一点苦劳,不是很惬意的一件事吗?因此,让我们学会培养学生有效学习的习惯,多点功劳,少点苦劳吧!

一、先来"洗脑"

培养学生有效学习的习惯,当然先要让学生知道学习为什么应该是有效的,所以,"洗脑"仍然是第一步。

演讲稿:让你的学习有效起来

首先给大家讲一个故事:

寺庙里的柴米不多了。早上,老和尚让小和尚下山去化缘。

傍晚,小和尚两手空空地回来了,说:"山下村民遇到蝗灾,日子很不

好过,没有化到柴米。"

第二天,老和尚还是让小和尚下山化缘,临行前交代说:"既然山下遇到灾荒,你就去远一些的地方吧,说不定那里的情况会好些。"

天下起了大雨。不到中午,小和尚就回来了,说:"通往远方的桥被洪水冲断了,无法过去,也没有渡船。我只好空手回来了,请师父指教。"

第三天,雨过天晴,老和尚给小和尚交代了同样的任务。这次,小和尚向师父保证决不空手回寺庙。然而,当他来到又一个村庄时,由于洪水引发瘟疫,疫情蔓延,家家户户大门紧闭,小和尚依旧空手回来了。

他长跪在师父面前,等待批评。

师父说:"起来吧。你口渴了吧,先喝点儿水。"

小和尚不知道师父要怎样发落他,还是长跪不起。

师父一把将茶壶推到地上,茶壶碎成几片,茶水很快渗进泥土不见了。

"把茶壶里的水给我收上来。"师父严厉地说道。

小和尚抬起头,怯怯地说:"师父,覆水难收啊。您惩罚我吧。"

"记住,你说出的话就像刚才泼出去的水一样,是肯定收不回来的。但有一点是肯定的,水渗进泥土里了,可并没有消失。"小和尚不明白师父的意思。

师父说:"你出门三天,总得带回些什么:第一天下山化缘,遭遇蝗灾,你可以捡拾一些柴火;第二天下山化缘,尽管无法去更远的地方,但你可以就近采一些山果,哪怕一壶水、一个掉落在地上的麦穗、一朵田野里的野花;第三天下山化缘,你可以更多地带来那些需要安抚的人们的信息——有多少人生病,我们就可以送出多少份祈祷。尽管这些都很琐碎、渺小,并不是你真正要达到的目的,但一把干柴,即便暂时没用,堆放在墙角也可以备不测之时用,助我们渡过难关;你付出了走路的辛苦,带回一壶很普通的水,可以浇灌后院的花草,让我们的后院芬芳常驻;一个需要祈福的信息也是你化来的缘啊。"

小和尚静静地听着,慢慢顿悟……

小和尚顿悟了，你们顿悟了没有啊？

是的，这个故事告诉我们，即使遇到困难，我们也不能空手而归，总得有点收获。也就是说，做事情，我们不能徒劳无功，总得有点效果。

再给大家讲个故事：

有一个傻妻子，给自己的丈夫扯了一丈布，想给他做一件风衣。过了五天，丈夫问妻子风衣做好没有，妻子回答说："做是做完了，但是没做好，我想只能改成一件短上衣了。"

好吧，短上衣就短上衣，丈夫继续等。过了几天又去问，妻子说："做是做完了，但是没做好，只能改成一件马甲了！"

好吧，马甲就马甲，丈夫继续等。过了几天又去问，妻子说："做是做完了，但是没做好，只能改成一件短裤了！"（学生大笑）

好吧，短裤就短裤，丈夫继续等。过了几天又去问，妻子说："做是做完了，但是没做好，只能做抹布了！"（学生大笑）

好笑吧！这个妻子不是不勤快做事情，但是，她做的事情有没有效果呢？

学生答："没有！"

一丈布到头来只能做一块抹布，这叫什么效果？所以，我们做事情时不仅要勤快，还要做得有效果，这才叫把事情做好。一个人煮饭，不停地烧火，勤快吧？结果把饭烧成了黑炭，有没有效果？一个人洗衣，不停地洗啊洗，可是污渍还是污渍，有没有效果？一个人种菜，种了几个月，一点收获也没有，有没有效果？

你每天在地里种煮熟的种子，老天爷也不会怜悯你"没有功劳，也有苦劳"而给你一地的收成啊！当你一个字也写不出来的时候，别人只会嘲笑你"这个字都不会写"，却不会说："这个字他已经写过一百遍了，没有功劳，也有苦劳！"当你在考试过程中做不出题目的时候，老师只会给你打叉，不会说："我记得某某同学这个题抄写了50遍，非常认真，没有功劳，也有苦劳，给他打个钩吧！"所以，生活不相信眼泪，没有功劳就是没有功劳！学习不相信眼泪，没有效果就是没有效果！有效才是王道！

事情不是做了就有效果，要用上合适的方法、找到正确的途径才会有效果。学习也一样，有的同学一边抄一边记，把生字抄了三遍就记住了，这就是有效果；有的同学虽然在抄写，但是心里还想着吃东西，结果抄了50遍还没记住，这就是没效果。有的同学考试时认真看题，知道题目要求写反义词，就在"大"字后面的括号里写了个"小"字，得了两分，这就是有效果；有的同学考试时连题目也不看，看到"大"字后面有个括号就赶紧去组词写了个"大家"，比人家多写了一个字，反而一分也得不到，这就是没有效果。有的同学扫地时，一个地方一个地方挨着扫，很快就扫干净了，这就是有效果；有的同学扫地时，东一扫把，西一扫把，把这边的垃圾扫到了那边，又把那边的垃圾扫到了这边，最终还是没有把地扫干净，这就是没有效果。

我们当中有很多同学，也遵守纪律了，也认真听课了，也按时完成作业了，老师安排什么他们也做好了，可是他们的成绩却一直不太好。这种情况属于什么呢？属于"学而无功"，白费了力气，学习没有效果。

所以，我们要学会使我们的学习有效果。具体来说怎样可以使学习有效果呢？下一次老师再给你们讲。

二、再来点"样品"

除了让学生懂得做事情要有效之外，我们还得给学生来点"样品"。

◆ 抄写的时候，我会把抄得又快又好的学生的作品展示给全班同学看，并把他抄写所花的时间告诉大家，让大家向他学习；然后把抄得最慢的学生也说一说，提醒他"让抄写有效一点"。

◆ 要求背诵比较短小的课文（如诗歌等）时，我会让学生进行"背诵比赛"。第一个背出来的，奖五颗星；第二个背出来的，奖四颗星……并且把他们花的时间都记下来，让他们知道什么是学习效果。

◆ 以往默写生字时，总有很多人默写不出来，这让我很是苦恼。因为对于每个生字，他们都差不多抄写了十几遍——我教他们时，每人已写过好几遍，再加上生字本上写一行有七个，写字书上还有好几个。写了这么多遍，他们怎么还是记不住呢？后来，我干脆在每次教生字时，都会组织"有效学习"比赛——教完生字之后，要求学生抄写三遍，抄写完三遍后马上进行当堂测试，然后让学生互相批阅（为了节约时间）。抄写生字三遍就能记住的，奖五颗星。并且要让学生想一想，为什么这些同学只抄写三遍就记住了。对于没有默写出来的学生，要求再抄写三遍，然后进行测试。对于抄写六遍后能记住的，也进行表扬，并且奖四颗星……如此，很多学生就明白学习后记住了就是有效学习，学了半天没记住就是无效学习。慢慢地，他们自然懂得自己也要进行有效学习了。

◆ 对于阶段考试之后的高分试卷，我会张贴在教室墙壁上，让学生知道什么是有效学习。

◆ 没事的时候，我还会和孩子们一起背课文，和他们比比谁背得快、谁背得好。古诗不用说，像《桂林山水》《匆匆》《燕子》这样长一点的课文，我常常能背得让他们叹为观止。在他们惊叹的时候，我就会告诉他们："这就是学习效果！我以前也学过这些文章，我记住了，但是不仅记住了一天、一个学期，而是记住了一辈子！所以，你们也要让你们的学习有效果。你们的知识也不能等过了期末考试就还给老师！要是以后有人问起你学过的某篇文章，然后让你背几句听听，你却说'一句都不记得了'，多没意思呀！当然，所有的东西要记一辈子固然有点难，但是，只要常常复习，加以巩固，这样不断加深印象，就容易记住了。"

◆ 对于有些我没学过的课文，我也会试着和学生一起背。这样既可以给他们树立榜样，又可以锻炼自己的记忆力，何乐而不为？

如何培养学生有效学习的习惯

有些老师,尤其是公开课上的很多老师,都会在课堂上长篇大论,可是所说的大多没有实际用处。对于小学生而言,尤其是低年级的小学生,学习某些内容,不过是认识多少个字,会写多少个字,会背诵课文,会做某种类型的题目。所以,我们课堂的教学重点也应该放在这些事情上。比如,通过各种方法让学生认识生字词、背诵诗词,而不是将一篇不怎么深奥的文章赏析出教授般的水平来。

况且,长篇大论,学生缺少参与,注意力会更不集中。

所以,我们不妨在课堂上做点更实在的事情。比如,带着低年级学生学习古诗,除了花几分钟时间让学生理解古诗的意思外,我还会用大把的时间让他们读古诗、唱古诗、"跳"古诗、抄古诗……让这些古诗在他们的脑袋里生根发芽。"书读百遍,其义自见",读得多了,学生自然就理解其中的意思了。教学课文,对于理解课文内容、分段、概括中心思想等,我都是让学生稍微理解即可,而把更多的时间放在带领学生朗诵精彩的段落上。

一、授人以鱼——教师有效指导学生学习

教师教得有效,学生才能学得有效。否则,只给学生灌输一堆道理,学生却连最基本的东西都没记住,比如不知道课文怎么读、生字怎么写,这样是没有效果的。

1. "有关"是有效学习的磁铁

去年,我们参加了一个教师培训,学习的是"有效教学"这个课题。

"有效教学"这个概念非常好,我也一直致力于探索与实践如何有效教学。只是,要想真正让教学有效,我觉得还必须先"有笑"才行。

"有笑",我指的是课堂教学的趣味性。作为一名教师,我认为,要让孩子们的学习有效果,老师当然负有很大的责任。而教师教学的趣味性,很大程度上决定了孩子们的学习效果。"有效"与"无效",很大程度上也决定于课堂教学是"有笑"还是"无笑"。

趣味是吸引学生学习的最好的老师。可是,很多老师的教学如和尚念经,完全只能锻炼学生的忍受能力。孩子们年少无知,不懂得学习的重要性,也无法深刻理解知识对于人生的重要性。我听过不少学前班或低年级的孩子说:"我不想读书!我不要读书!"有些家长和老师也不知道如何给孩子解释读书的原因,即使解释了,孩子也仍然不喜欢读书。

所以,除了吸引孩子们读书,我们别无选择!

(1) 开展"有笑教学"。现在的孩子,养尊处优,见多识广,我们只有用更精彩的东西才能吸引他们走进知识的殿堂。我们只有用更多有趣的东西让孩子们开心地笑起来,孩子们"有笑"了,开心了,觉得学习有趣了,愿意学习了,然后,我们的教学才能"有效"起来。

利用故事。一年级的教学中常常有一个字加一笔变成什么字的训练,有些孩子这方面的思维还欠缺一点,常常出现空题不做的情况。有一次,讲到"大"字加一笔时,我讲了这样一个故事:

古时候,有个刘大人,家里就只有他爹、他自己和他太太三人。他不认识几个字。有一天,他看到一个"大"字不认识,就去问隔壁的秀才。秀才告诉他:"这是'大'字,你'刘大人'的'大'字!"刘大人听了点点头:"哦!这是我'刘大人'的'大'字。"

过了一会儿,他看到一个"太"字不认识,又去问隔壁的秀才。秀才告诉他:"这是'太'字,你'刘太太'的'太'字!"刘大人听了点点头:"哦!这是我'刘太太'的'太'字。"

又过了一会儿,他又看到一个"犬"字不认识,就自作聪明地想:"第一个字是个'大'字,下面加一点是'刘太太'的'太'字。我们家两个人都说完了,这个字有一点在上面,应该是表示尊敬的,那一定是我爹!"

孩子们听了哈哈大笑,以后考起"'大'字加一笔"就没人留过空白了。又一次,我问:"'哭'字下面有个什么字呀?"还没正式学习过"犬"字的小家伙异口同声地回答:"犬!"一个调皮的小家伙居然还说:"那一定是我爹!"逗得大家哈哈大笑。(当然,我还得提醒孩子:记住这几个字就行了,千万别在爸爸面前说这个故事)

形近字的辨析也常常令人头痛,那次讲到"午"字和"牛"字的区别,有的孩子就是分不清楚,于是我讲了下面这个故事:

从前,有一名穷书生名叫李安义。他在私塾读书时,有一个同学姓郑。七年以后,那个姓郑的同学发了一笔大财,远近乡里就数他有钱,百姓都叫他郑富翁。

一年,乡里闹灾荒。李安义一家没米下锅,实在没法儿,只得去拜求郑富翁。李安义来到郑家,在门口被家丁叫住了:"你是干什么的?"

李安义道:"我是你家老爷的同学,我有事要找郑老爷。"门丁赶紧禀报老爷。老爷呵斥道:"浑蛋,你快去告诉他,就说我出门了,我不想见这个穷书生。"

李安义碰了一鼻子灰,心里十分气愤。他拿起笔就在郑富翁家门上写了一个很大的"午"字,然后转身拂袖而去……

过路人看到郑家门上的"午"字,不知道是什么意思,便跑去问李安义。李安义冷笑道:"这是'牛'不出头嘛!"那人听了哈哈大笑,竖起拇指赞叹:"妙!真妙!"郑富翁听说他被人骂作"牛",气得捶胸顿足。李安义总算解了心头之恨。

辨析形近字"主"字和"玉"字,我给孩子们讲了下面这个故事:

从前,有个新科状元叩见皇上说:"状元任王参见吾王万岁!万万岁!"皇帝听后很不高兴:"只有我是人中之王,一国之主,状元怎么也能称王?"于是便对状元说:"朕认为你的名字不妥,赠给爱卿'王'字上加一点吧!"任状元马上谢主隆恩!

不久,任状元向皇上进了一份奏折,皇上见上面署名"任主",火冒三丈地喝道:"大胆!朕赠你一点,你为何抗旨违命?"状元连忙跪倒说:"卑职已经改过了。""朕让你改成'任玉',你为何改为'任主'?""启禀万岁,小臣只能把您赠的一点顶在头上,怎敢夹在腰间呢?"

讲完这个故事,我告诉孩子们:我们要记住了,把一点儿顶在头上的才能当家做"主",而"玉"则常常被人们夹在腰间。

明确错误。有人总喜欢将"坐"字上面的两个"人"写成"竹字头"。一天,在多媒体教室上课时,我把那个将"坐"字写成"竹字头"的孩子从座位上请下来,让他站着听课,然后放了一根竹枝在他的座位上。听了一会儿,小家伙鼓足勇气问我:"老师,为什么让我站着听课啊?"我笑了:"因为你把'坐'的权利让出来了呀!"

他显然不太懂,我也不为难他,把他写错的"坐"字通过屏幕显示了出来:"你看,你已经把'坐'的权利让给竹子了呀!所以,我就让竹子坐,不让你这个'人'坐呗!"

小家伙笑了。

我说:"下次你是让'人'坐呢,还是让'竹子'坐呢?"

"让'人'坐!"

"好吧,那你自己把竹子请开吧!"

为了巩固,我还展示了我用电脑拼的一张图片:"土"字上面有两张人分腿站着的图片,让他们猜这是什么字。小家伙们很快就猜了出来。然后,我说:"两个人累了,在土上坐一坐,这就是'坐'字。有的同学将它写成了'竹字头',难道竹子也要坐吗?"

从那以后,班上再没见到写错"坐"字的人了。

利用口诀。学习古诗《小池》,小家伙们怎么也记不住"照"字的写法,于是我就给他们编口诀:"日刀口,四点底,太阳'照'着你!"

"听"字有人记不住,我就告诉他们说:"左边'口',右边'斤',大家认真'听'!"

"欢"字学生记不住,我就告诉他们说:"左边'又',右边'欠','欢欢'喜喜见个面。"

(2)做好进行"有笑教学"的准备。我总是不断搜集各种有利于趣味教学的资料,利用一切有趣的东西为教学服务。久而久之,我似乎已经只对有趣的东西感兴趣了;久而久之,只要看到与语文课题等有关的故事、文章、歌曲、相声、小品、电视剧、动画等,我都要检验一番,看是否可以为教学所用。

所以,要想实现有效教学,教师必定要花大量的时间去让教学变得"有笑"。可这"笑"不是那么容易就有的,即使是相声演员、小品大师,他们的作品也是经过相当长时间的准备才有的——我国有不少专业、业余的相声、小品表演艺术家,但迄今为止,真正深入人心的经典小品、相声并不多。所以,要让教学有"笑"是需要大量时间的,相声、小品表演艺术家创作好的作品尚且需要很长的时间,更何况我们这些老师呢?即便我们不能像艺术家那样几个月或几年出一部经典,可要想让教学"有笑",教师也还是需要一些时间多多准备才行。

事实上,不少教师,尤其是乡村教师,有太多的工作和琐事,一天很多节课,有各种作业、练习需要批改。担任班主任的老师,要处理各种班级琐事、突发事件,组织各种活动等。此外,还要完成上级布置的各项任务,剩下的用来备课的时间寥寥无几,甚至根本完不成任务……这让教师如何有时间、有精力去烹调"有笑课堂"的美味呢？

有一句话是这样说的："有一件事情你能做得好，那叫合格；有10件事情你能做得好，那是优秀；有50件事情你都能做好，那叫卓越；有100件事情你还想努力把它们都做好，那叫找死！"所以，要想让教师的课堂"有笑"，还须先让教师"有笑"，给教师"减负"，让教师有时间烹调"有笑"的教学美味。这样，教师"有笑"了，教学自然就有效了！虽然这一点现在还很难实现，但我希望有那么一天，老师们都能轻轻松松地、快快乐乐地进行"有笑教学"。

工作任务的繁重不是一下子就能解决的问题，难道这样我们就不进行"有笑教学"了吗？当然也不是。这就关系到"有笑教学"另外一个更重要的因素，那就是教师的心理素质。

如果教师的心理素质不好，即使面对最轻松的任务，他也不会"有笑"执行；如果教师的心理素质好，即使面对最繁重的任务，他也能"有笑"进行。所以，教师必须正确认识自己的工作，并尽量保持"有笑"的教学态度。

也许，有很多人会认为我是"站着说话不腰疼"，但是，我可以非常负责任地告诉你，我也不是"站着说话的"——以前，我每周都是上20节以上的课，还兼任班主任和学校的大队辅导员。这20多节课里，包括语文课和几个班的英语课，有时候甚至是整个学校（三年级至六年级）的英语课。语文课和英语课是要考虑教学效果的。现在的我，除了终于可以不再任教英语课以外，仍每周有十八九节课，并兼任班主任和少先队大队辅导员。除此之外，我还经常是学校免费兼职的"打字员""信息员""撰稿人"和"秘书"。

但是，我也"不腰疼"。因为我深深地知道，这些任务，我笑着完成也是完成，流着眼泪也还是要完成。既然如此，我为什么不笑着完成呢？不仅如此，我还经常撰写论文和专著，把自己教学中的所思所想所得及时记录下来。我收获着孩子们的欢笑和爱戴，收获着论文发表、专著出版的喜悦和稿酬，收获着自己人生价值的体现和快乐，我也能更加执着地进行"有笑教学"！

可见，"有笑教学"是"没困难要上，有困难克服困难也要上"！教学任务不重的老师，有时间、有精力进行"有笑教学"，当然要进行"有笑教学"；没时间、没精力的老师，也许没那么多时间准备"有笑教学"，但至少可以保持快乐的心境教学，每天面带笑容教学，这一点应该不难做到吧！如果实在不行，还可以这样想：领导给我那么多任务，不想让我笑起来（或者还有什么其他人让你笑不起来），那我自己还不让自己笑起来吗？你自己都不想让自己笑起来，别人怎么能让你笑起来呢？

2. "动起来"是有效学习的活化剂

刘墉在《动起来》一文中说：

加州大学洛杉矶分校的人体运动学教授摩尔豪斯博士做实验，让20个学生先坐在柔软的沙发读书，过一段时间，又改坐很不舒服的硬椅子。结果发现，那些学生坐硬椅子时，因为不舒服而不断调整坐姿，看起来好像毛躁不安，学习成绩却比坐沙发时好得多。

教授说："一个坐沙发得B的学生，坐硬椅子往往可以得A，因为后者使脑部得到更多氧和糖的供应。至于维持一定坐姿的前者，只要几分钟不动，血液循环减缓，脑部得到的血液和营养减少，读书效果就差了。"……

教授在研究报告里强调："许多父母、师长认为孩子一边念书，一边动来动去，或打呵欠，或伸懒腰，是静不下心来专心学习。岂知，不准孩子动，反而是错的。"

确实如此，就如养鱼，一池死水，鱼儿很容易因缺氧而死亡，但如果鱼儿都动起来，那就不一样了。看了这篇文章后，我开始更加起劲地琢磨怎么让孩子们有效地动起来。

但因为课堂毕竟是要讲秩序的,也不能让孩子们乱动,所以,我就主动设计一些环节让孩子们动起来。不过,要注意动作不要太难,便于孩子们掌握,以提高孩子们的积极性,而且我们的主要目的是让孩子们记住该记的东西,而不是上舞蹈课。

(1)为诗歌等配上相应的动作。让孩子们边吟诵边运动,这样既调动了他们的学习积极性,又能使他们的学习有效起来。比如:

古诗《春晓》(人教版《语文》一年级下册):

春眠不觉晓(双手合拢,置于右耳边,头稍微歪向右边,眼微闭或闭上),

处处闻啼鸟(双手相对做 OK 手势,但食指和大拇指要伸直一些,闭合三次,像鸟儿嘴巴的闭合)。

夜来(双手于胸前合掌)风雨声(双手捂耳),

花落(双手高举过头做花的造型)知多少(双手分开,掌心向前,十指张开,向下"落"三次,第一次从头顶落到肩部,第二次从肩部落到胸前,第三次由胸前落到腹部)。

《识字3》(人教版《语文》一年级下册):

(两人相对而坐/站)

云对雾(双手胸前击掌,然后与对方手心互击),

雪对霜(双手胸前击掌,然后与对方手心互击),

和风对细雨(双手胸前击掌,然后与对方手心互击、与对方手背互击),

朝霞对夕阳(双手胸前击掌,然后与对方手心互击、与对方手背互击)。

花对草(双手胸前击掌,然后与对方手心互击),

蝶对蜂(双手胸前击掌,然后与对方手心互击),

蓝天对碧野（双手胸前击掌，然后与对方手心互击、与对方手背互击），

万紫对千红（双手胸前击掌，然后与对方手心互击、与对方手背互击）。

桃对李（双手胸前击掌，然后与对方手心互击），

柳对杨（双手胸前击掌，然后与对方手心互击），

山清对水秀（双手胸前击掌，然后与对方手心互击、与对方手背互击）。

鸟语对花香（双手胸前击掌，然后与对方手心互击、与对方手背互击）。

《识字5》（人教版《语文》一年级下册）：

（两人相对站立）

蜻蜓半空（各自胸前击掌一次，然后与对方手掌相对击掌一次）展翅飞（双手置于两侧做飞翔的动作），

蝴蝶花间（各自胸前击掌一次，然后与对方手掌相对击掌一次）捉迷藏（右手五指张开略弯，左手握拳"藏"于右手下）。

蚯蚓土里（各自胸前击掌一次，然后与对方手掌相对击掌一次）造宫殿（左手平放于胸前，手掌向下，右上同样姿势置于左手上约10公分处与之平行，然后，左手移到右手上约10公分处，寓意一层层的宫殿）。

蚂蚁地上（各自胸前击掌一次，然后与对方手掌相对击掌一次）运食粮（双手平放于胸前，手掌朝下，左手在内向右推进，右手在外向左推进，寓意蚂蚁来来往往运东西）。

蝌蚪池中（各自胸前击掌一次，然后与对方手掌相对击掌一次）游得欢（双手在胸前由合拢到向两侧分开，像游泳的动作，两次），

蜘蛛房前（各自胸前击掌一次，然后与对方手掌相对击掌一次）结网忙（双手掌心向自己，食指分开，在胸前交叉，两次）。

《识字8》（人教版《语文》一年级下册）：

初三（右手向右边伸出三根手指）初四（左手向左边伸出四根手指）峨眉月（双手食指在眉毛前沿着眉毛的形状画两次），

十五十六（各自胸前击掌一次，然后与对方手掌相对击掌一次）月团圆（双手拇指和食指合成一个圆形高举于头顶）。

朝看太阳（右手置于眉毛之上）辨西东（左右手向两侧平举），

夜望北斗（抬头，右手指头顶）知北南（左手朝前伸直，右手朝后尽量伸直）。

蜻蜓低飞（双手在两侧做飞翔动作，略向左倾）江湖畔（双手在两侧做飞翔动作，略向右倾），

即将有雨在眼前（做小跑状，双手置于头顶做遮雨状）。

大雁北飞（右手在额前"擦汗一次"）天将暖（左手在额前"擦汗一次"），

燕子南归气转寒（双手抱紧肩膀，做发抖状）。

一场秋雨（右手握拳仅剩食指伸出，由胸前向右侧画弧线）一场寒（左手握拳仅剩食指伸出，由胸前向左侧画弧线），

十场秋雨（两手食指交叉成"十"字）要—穿—棉—（右手向右慢慢伸直做穿进衣袖状，左手向左慢慢伸直做穿进衣袖状，然后左手放在腹前，右手从左手处往上做拉拉链状）。

（2）学习字词时配上表演。学习字词的时候，凡是可以让学生表演的，我都会让他们进行表演。

动词是最适于表演的。比如，学习"立"字，我会让学生"起立""立正"甚至"倒立"等；学习"抓"字，我会让学生做"抓"的动作；学习

"蹲"字，我会让学生蹲下去，还让学生表演"蹲"和"半蹲"的差别；学习"摸"字，我会让学生"摸摸头""摸摸脸""摸摸大腿""摸摸桌子"等；学习"闭"字，我会让学生表演"闭眼""闭嘴"等；学习"开"字，我会让学生表演"开门""开窗户""开口"等。

学习名词时也可以让学生动起来。比如，学习"书"字，我会问学生书在哪里，让学生"把数学书拿出来"，"把音乐书拿出来"……然后"把语文书留在桌子上，把其他书都放进书包里"。学习"脸"字，我会让学生摸摸自己的脸，"洗洗自己的脸"，"做个笑脸"或"哭脸"……学习"头发"，我会让学生做"洗头发""梳头发""扎头发""剪头发"等动作……

学习表情词语时也可以让学生动起来。比如，对于"高兴""悲伤""害羞""害怕""惊喜""奇怪""神采奕奕""垂头丧气""目瞪口呆"等词语，我都会让学生表演出相应的表情……

学习反义词时也可以让学生动起来。比如，我在上课时就经常会发出这样的指示："把书打开""把书关上"；"把眼睛开""把眼闭上"；"低头""抬头"；"笑""哭"；"快""慢"……

（3）**开展成语表演活动**。我们还经常进行成语表演等活动。比如，每个学生设计一个成语的谜面，逐个到讲台上表演，要求其他同学去猜——对于"鸡飞狗跳"一词，可以"喔喔"叫两声，做一个"飞"的动作，再"汪汪"叫两声后跳起来。

3. 运用是有效学习的法宝

都说"重复是记忆之母"，可是，在教学过程中，我却常常对学生抄写了若干遍还记不住的行为匪夷所思。因为这些小家伙抄写时根本不专心，仅仅是像复印机一样复印了一次，将复印机里的原件拿走后，复印机又归于原状了。被"复印机"烦恼了一阵子后，我苦思对策，终于发现了解决问题的办法，那就是让他们学着去运用，要用的时候怎能不动脑筋呢？

所以，我慢慢减少了那些所谓的抄写，在一年级的复习课上更多运用看图写词、看图写句、看图写话的方式。请来看看我是怎样循序渐进地运用记忆法的吧：

◆ 第一级：图片出示单个物体，如花、草、狗、猫等，让学生根据图片写一字词语，如"花""草"等。这样，学生对这些字的印象绝对比单纯抄写更深刻。

◆ 第二级：图片出示单个物体，如花、草、狗、猫等，让学生根据图片写两字词语，如"红花""绿草"等。这样，学生对这些词语的印象绝对比单纯抄写更深刻。

◆ 第三级：图片出示有一定数量的物体，如一朵花、三只狗、七条蛇等，让学生根据图片写带数量词的短语，如"一朵花""三只狗"等，同时考查学生对于数量词的应用。

◆ 第四级：图片出示物体，如花、狗等，让学生根据图片写带形容词的短语，如"美丽的花""可爱的狗"等，同时考查学生对于形容词的应用。

◆ 第五级：图片出示有一定数量的物体，如一朵花、三只狗、七条蛇等，让学生根据图片写带数量词和形容词的短语，如"一朵美丽的花""三只可爱的狗"等，同时考查学生对于数量词和形容词的应用。

◆ 第六级：图片出示某个地方有一定数量的物体，如桌上有一朵花、草地上有三只狗等，让学生根据图片写一个完整的句子，如"桌上有一朵美丽的花""草地上有三只可爱的狗"等，同时考查学生对于数量词和形容词的应用，还帮助学生加深了对句子结构的理解。

◆ 第七级：图片出示某个物体，如一弯新月、一个苹果等，让学生根据图片写一个比喻句，如"弯弯的月儿像小船""红红的脸蛋像苹果"等，考查学生对于比喻句的应用。

◆ 第八级：看图写话——出示一张或几张有一定情节的图片，让学生写一段话，看谁写得最完整、最好。

这样，学生就知道写哪个字、哪个词了，如果是课本上很容易找到的，我就会告诉他们哪一课有，让他们自己去找，或者问他们："这个字（词）在哪一课里有啊？"然后他们就会自己去找。这种办法，往往比直接抄写的效果好得多。

这样训练的次数多了，就不仅训练了一年级孩子"高端大气上档次"的写话能力，而且对于那些生字词，他们也记得比较牢固了。比如：

以前让学生根据拼音写词语"鸟语花香"的时候，总有人写成"鸟雨花香"或"鸟语花乡"。后来一次复习课上，我出示了一张有花有鸟的图片，让学生写一个成语。很多学生都知道是"鸟语花香"，可是，总有些小家伙不知道怎么写，于是就开始嚷嚷："老师，我不知道怎么写！"

"哪一篇课文里有啊？"

"识字3。"

"很棒！自己去找！"——搞定！

期末模拟考试的时候，我又特意出了"鸟语花香"这个词语，果然没有一个写错的了！

4. 多层检测是有效学习的"鞭子"

要达到有效学习的目的，我们就得告诉学生必须重视自己的学习效果。因为学习不是一个形式，而是实实在在地将知识学到头脑里——该认识的要认识，该书写的要会书写，该记住公式的要记住，该学会运用的要学会运用……所以，我们有必要适时检测学生的学习效果。如果把学生比作耕耘的牛，那"多层检测"就是赶牛的"鞭子"。

多层检测具体包括哪些内容呢？

（1）当堂测试。为了督促学生认真听课，每节课我都要进行一个小测试，以检测学生该节课的听课效果。为了节约纸张，我会将很多次的"有效学习测试表"放在同一张纸上。比如，一、二年级语文课，学完每课的生字，指导学生记忆后，就马上进行检测，看看对于本节课上学习的几个字，学生到底认识了没有，看看该学会写的字，学生到底会不会写。

我印制的"有效学习测试表"，每几个生字格一组，一张纸能写几十次，每次临下课时就用来测试学生对刚学过的几个字的掌握情况。学习有效的，奖励一颗星或一朵花。这样的"测试表"，便于学生书写，也便于教师批阅。每次测试的成绩都在同一张纸上，有利于学生认识到自己的错误。如果出现错误，也有利于督促学生改正错误；如果都做对了，则对学生又有一种激励作用。如果一个学生在前面的每次测试中都得满分，那么对于后面的测试，他会自觉充满动力。要是一次没有达到满分，相信他会马上加油改正过来的。

还有，对于要背诵的课文，我一般会在指导完毕后当堂要求学生背诵。那些能够在最短时间内背诵出来的学生，自然有一种愉悦感和成就感，有利于后面的学习。同时，我会给予他们"有效学习之星"的奖励，当他们的"有效学习之星"名列前茅时，还可以得到"有效学习之星"的奖状。

（2）小段检测。为了让学生"温故而知新"，我会采用小段复习的检测方法，隔一两个星期就把原来考过的内容打乱顺序再考一次。比如，隔一段时间就测试前面学过的10个生字，让知识常记常新。

（3）阶段考试。每一个月或半个学期进行一次阶段考试，进行全方位的检测。

此外，我还会制作每星期一张的"有效学习记录表"，把每节课学生的表现记录在表里。对于学习有效果的学生，就奖一颗"☆"。比如，上课答对一个问题，背出了课文，写出了正确的笔顺等，都可以得到一颗"☆"；对于当堂测试获得满分的学生，则奖励一朵"小花"……

根据检测，每周、每一阶段都有学生可以获得"有效学习之星"奖状，以此鼓励学生，使他们更有自信，学习的劲头更足。当然，"有效学习之星"奖状也采用"四周一轮"的方式，以便让更多的学生得到鼓励。

通过这样的几乎无孔不入的学习效果检测，学生慢慢明白了学习是要讲究效果的，"有效学习检测"的结果也越来越令人满意。

5. 玩耍是有效学习的"青草"

如果把学生比作耕耘的牛，那"玩耍"就是在前面诱惑着牛儿的"青草"。所以，我还设置了一种特别的奖励机制：在某些检测学习效果的课堂上，完成了学习任务的学生，可以获得提前出去玩的奖励。我会告诉孩子："每天的学习任务就那么多，完成了就可以早点出去玩。学得越认真，任务完成得越快，你就有越多的时间去玩。学习效果越好，玩的时间就越多；学习效果越差，玩的时间就越少。而要让学习效果好，唯一的办法就是认真学，好好学。"

而"玩"无疑是对每个孩子都富有吸引力的，因此，有不少孩子都会被"玩"吸引到认真学习的队伍中来，学习也就变得有效多了。迪迪就是典型的例子。有时候，对于我们上课布置的任务，他常常不做，但只要听说"做完了可以出去玩"，就会比很多人都做得快、做得好！

第一次使用这个方法后，我还特意当着全班同学的面问他们："你们完成了任务出去玩，好玩不好玩啊？"

"好玩！"

"开心不开心啊？"

"开心！"

"你们觉得是没有完成任务在教室里更快乐些，还是完成任务在外边玩更快乐一些呢？"

"完成任务在外边玩更快乐一些。"

"那你们能告诉那些不能出去玩的同学，你们是怎样完成任务的吗？不认真听课能完成任务吗？"

"不能！"

"这里有两条路，一条是（开始板书）'认真听课—完成任务—出去玩'，一条是'不好好听课—不能完成任务—不能出去玩，在教室里继续完成任务'，你们想选择哪一条路呢？"

"选择'认真听课—完成任务—出去玩'！"

可是，也有一些速度比较慢的孩子，他们很少享受到这样的"福利"，长此以往，会影响他们的自信。所以，我会多让他们享受到这样的好处，以便让他们也加入到认真学习的队伍中来。那天，我特意将任务布置得稍微少了些。这样，有几个平时没有享受到"福利"的孩子也能出去玩了。我陪着他们，特意问其中一个孩子："完成了任务可以出来玩，是不是很开心啊？"

"是啊！"

我说："真好！这样既完成了任务又可以多玩一会儿，多开心啊！以后也早点完成任务好不好？"

"好！"

"可是，你知道怎样才能早点完成任务吗？"

"知道，要好好听课。"

"对了，要好好听课，这样才能做出题来，然后就可以出来玩了。"

6. 长远计划、分小节实施是有效学习的"减压器"

很多老师喜欢在学期初没有计划地教学，等到期末时又急于学生这个没记住那个没记住，于是就"一把塞""使劲灌"。可是，总复习的时间不会太多，所有该记的东西一大堆全部袭来，如果孩子们一下子都能记住的话，那绝对是个奇迹。可见，计划是个很重要的东西，尤其对于教学来说。

在教学中，我发现有些老师不重视备课，却又在学生学无效果之后不停"补火"。其实，有不少学生在闲暇时间是不知道该干什么的，尤其是低年级学生，他们根本不知道什么是自主学习。所以，教师帮助他们早做安排是非常必要的事情。

我一般是这样做的：学期初，发给学生一张或几张学习资料，上面有

本学期除书本外需要掌握的所有知识点。这些知识点被我分成了若干个小的部分，并被标上了序号。然后，我会要求学生将这些资料好好保管，资料少的可直接贴在教材上，多的则用一个文件夹夹起来。

这样安排以后，我们的工作就方便多了。自习课时，可以这样要求："请读（或写或默写）学习资料第一条。"布置作业时，可以这样说："请抄写学习资料第二条。"合作学习时，可以这样提醒："请互相监督朗读（或背诵或默写）学习资料第三条。"……真是方便又快捷。而且，一个学期的重点知识都在上面，没事的时候就安排学生或读或写或默写，一遍一遍，循环往复，学生在不经意间一定会消化几条。

至于如何分条，要按照学生的年龄层次来决定。对于一年级的学生，可以每条3个拼音或3个词语，或每条两三个相同类型的句子，或每条一段看图说话。年级升高，可根据情况适当增加。

二、授人以渔——教给学生有效学习的方法

"授人以鱼，不如授人以渔"，是亘古不变的真理。只有教给学生一些好的方法，"有效"学习才能不仅"有效"还能"长效"。

1. 明确学习目的

帮助学生明确学习目的的方法莫过于通过演讲。

===演讲稿：听课才是最重要的事儿===

上课的时候，什么最重要？是听课最重要，做笔记最重要，抄答案最重要，做题最重要，还是做作业最重要？

很多同学有为完成任务而完成任务的坏习惯：有的同学在上课伊始就开始猜测今天的作业是什么或者去做其他学科已经布置的作业；有的同学在学习这门课时努力去完成那门课没有完成的任务；有的同学在老师讲解试卷前面的题目时会去更正后面的题目……

你们知道这些同学的学习成绩怎么样吗？我统计过，这样的孩子没有一个进过班级的前三名。有人觉得奇怪了，这些人似乎很聪明，知道很早就完成学习任务，可为什么学习成绩会不好呢？

这是怎么回事呢？因为他们没有弄明白学习时最重要的是什么。

那么，学习时最重要的到底是什么呢？

老师讲课的时候，最重要的是要认真听，让知识"（唱）你存在我深深的脑海里"，这才是学习的最终目的。

听老师讲课，把知识转化到自己的脑海里才是学到了知识。写在作业本上的作业，做在练习册、考试卷上的答案，都只是形式，不能说明你真正学会了。老师让你们完成这些任务，也只是通过这种途径让知识慢慢进到你们的脑海里，而不是为了让你们抄抄写写。所以，上课最大的任务就是认真听老师讲课，如果把老师说的都记住了、听到脑海里去了，即使不做作业也没有关系。老师更喜欢"学会了"但是"不想做作业"的孩子，而不是"每天做作业"但是"一点都没学会"的孩子。所以，知识要写在头脑里而不是作业本上。

还有的同学自以为聪明，摸索老师讲课的规律、布置作业的规律，早早就去做今天可能布置的作业，结果聪明反被聪明误。为什么呢？因为在老师讲课的时候，你没有去听课，只记得去抄写那些作业了。虽然你可能比别人早完成作业，但是却比别人少学了知识。做有些事情，过程是必要的，是免不了的。

一次，我正在批改一年级一个孩子的作业，她却着急地大喊："那是明天的作业！"我好奇怪："明天的作业？明天的作业我还没布置呢？"后来才弄明白，原来那几天我布置的作业都是当天学习的生字每个抄写三遍，这个小家伙就自作聪明地把"明天的作业"也做好了。

那么，如何才能"学而有功"，让学习变得有效起来呢？首先要记住"听课第一"！

如果听课的时候去做其他的事情，就会导致付出了劳动，但是没有效果。

所以，一定要记住"听课第一"！认真听课，才能学得有效，作业有效。

（当然，类似这样的演讲，不可能只讲一次就见效，要多讲几次并且真的给予惩罚。慢慢地，有些学生就会认真听课而不是在听课的同时写个不停了）

2. 端正学习态度

明确学习目的后，学生要做的就是端正学习态度。

=== 演讲稿："粗心"不是小事儿！ ===

粗心，是指精神不集中，做事丢三落四。

很多时候，我们都听过这样的说法："这个题我本来会做，可是因为看错题目就做错了，我真粗心！""这个题我本来会做，可是因为粗心忘记了一个括号，就都做错了。""这道题我本来可以做对的，可是因为我粗心，把'9'的尾巴写短了些，后来又被自己看成'0'了，所以做错了。"……

有些人觉得粗心是小事，"我又不是不会做，只是粗心"。但我认为，粗心比不会更可怕，更糟糕。俗话说："不知者不罪！"明明知道，却还犯错，结果会更严重。因此，在我这里，"粗心"比"不会"受到的惩罚更严厉。

因此，我们要戒掉粗心的毛病，养成细心的习惯：

①看清楚题目要求。要想学习有效，很重要的一点就是要看清题目。我在批改作业或试卷时，常常发现答非所问的情况——组词的写成了反义词，写反义词的写成了近义词，在正确答案的下面画横线的偏偏要在错的上面打叉，只填序号的偏偏自找麻烦写一大堆字……后来一问，这些学生往往不是不会做，而是看错了题目。要知道，"看错题目"比"不会做"更可怕。"看错题目"肯定会全部做错，"不会做"可能只是不会做其中的某几道题，其他会做的几道题还能得分。

也许这些都是小事。但如果你是一个病人，"食指"坏了需要切掉，医生把它看成了"十指"，把你十个指头都切掉了，多么可怕！肝脏坏了要切除一些，医生却因看错了而切掉了你的心脏，多么可怕！甚至你本来只是因小病住院，不需要做手术，可医生看错人了，把你推进手术室切掉了你的肾脏，多么可怕！

所以，"看错了"有时候是一件小事，有时候却生死攸关！所以，我们以后还是不要"看错了"。

②不能"搬错了"。我在批改作业、试卷时，经常会遇到这样的情况——明明是用"子"字组词，他却写成了"桌了"；明明是用"游泳"造句，他在搬下来的时候却把"游"字的右边变成了反文旁；明明题目里是"56"，他却在写到算式里时变成了"65"；明明题目里有括号，他抄完后括号却"逃跑"了……还有，明明题目里是一个完整的字，他搬下来后就变得缺胳膊少腿了；明明题目里是一个完整的句子，他搬下来就变得面目全非了……

也许你又认为这是小事，但如果你让别人把一万块现金递给你，到你手里就少了五千，你愿意吗？如果你的汽车停在路边，别人只是帮你移一下车，你的车子就少了一个车轮，你愿意吗？

可见，我们一定要细心，不要在把题目里的东西搬下来时还搬错了！

③不能"漏掉了"。我看过很多学生的作业和试卷中都有漏题的情况。题目里有两个或两个以上要求的，有的学生往往只做了第一步。比如，把成语补充完整再用其中的一个造句，有不少学生就没有造句；阅读题中那个没有留空格的题目，如在原文里画出句子之类的题目，往往就成了漏网之鱼……

要看清题目的要求有几步，然后一步一步地做，还要看清楚试卷一共有多少个题目，一题一题地做，千万不要落下了。举四个例子说明一下：你寒窗苦读十几年，终于考上大学，可是老师在发录取通知书时把你漏掉了，你愿意吗？你跟一个旅游团出去玩，回来的时候，导游把你漏下了，你愿意吗？传染病来临，医生给所有人都打了疫苗，把你漏掉了，你愿意吗？

什么，我只举了三个例子，你真不错！对，我故意漏掉了一个，看你们能不能发现。以后坚持这样做，你们就不会粗心了！

祝大家与粗心说"永别"，越来越细心，取得越来越好的成绩！

（不仅如此，对应的惩罚，也应该是对"粗心"的惩罚要比对"不会"的

惩罚重。比如组词，不会做的罚抄写 5 遍，会做而抄错字的罚抄写 10 遍）

3. 掌握学习方法

很多学生不是不知道学习的重要性，但是因为没有掌握正确的方法，学习效果不理想；因为学习效果不理想，没得到老师或家长的鼓励，又影响了学习的积极性。

所以，我们还要经常给学生进行学习方法指导，如关键词记忆法、分段背诵法、编顺口溜记忆法、自我检查法等，使学生掌握正确有效的学习方法。有了好方法，学习会事半功倍，自然就有效了。而有效的学习往往是会得到奖励的，学生受到鼓舞，更加信心满满，学习的劲头更足了。这样良性循环，不亦乐乎！

帮助学生养成良好的学习习惯，除了让他们学会遵守学习纪律，还必须使他们的学习有效果才行！所谓"有用才是硬道理"，如果学生静静坐在教室里，却身在曹营心在汉，完全没有参与到教学中来，那他的学习无疑是没有效果的。那么，具体应该怎样才能帮助学生养成有效学习的习惯呢？

（1）"瘦身"背诵法。"瘦身"背诵法，是什么意思呢？举个例子来说明。

比如，背诵《柳树醒了》：

我先将全诗用多媒体展示出来：

春雷跟柳树说话了，说着说着，小柳树呀，醒了。
春雨给柳树洗澡了，洗着洗着，小柳枝哟，软了。
春风给柳树梳头了，梳着梳着，小柳梢啊，绿了。
春燕跟柳树捉迷藏了，藏着藏着，小柳絮呀，飞了。
柳树跟小朋友玩耍了，玩着玩着，小朋友们，长高了……

读上几遍后，减掉一些和上面一行相同的字：

春雷跟柳树说话了，说着说着，小柳树呀，醒了。
□雨给□□洗澡□，洗□洗□，□□枝哟，软□。
□风给□□梳头□，梳□梳□，□□梢啊，绿□。
□燕跟□□捉迷藏□，藏□藏□，□□絮呀，飞□。
柳树跟小朋友玩耍□，玩□玩□，小朋友们，长高□……

读上几遍后，再减掉一些可以通过前面知道的字，在前面那个字下面加点，在后面用一个圆圈代替。

春雷跟柳树说话了，说着说着，小柳树呀，醒了。
□雨给□□洗澡□，○□○□，□□枝哟，软□。
□风给□□梳头□，○□○□，□□梢啊，绿□。
□燕跟□□捉迷藏□，○□○□，□□絮呀，飞□。
柳树跟小朋友玩耍□，○□○□，小朋友们，长高□……

再读上几遍后，孩子们已经基本掌握了每行的"格式"，就可以试着把第一行的字也减掉一些了。

□雷跟□□说话□，○□○□，□□□呀，醒□。
□雨给□□洗澡□，○□○□，□□枝哟，软□。
□风给□□梳头□，○□○□，□□梢啊，绿□。
□燕跟□□捉迷藏□，○□○□，□□絮呀，飞□。
柳树跟小朋友玩耍□，○□○□，小朋友们，长高□……

然后，我再带着孩子们分析：

"前面四节的第一个字都是什么呀？"

"'春'字。"

"每节的第二个字，依次是什么呀？"

"'雷''雨''风''燕'。"

"也就是'春雷''春雨''春风''春燕'。"

"第三个字依次是什么呀?"

"'跟''给''给''跟'。"

"为什么呢?因为说话一般得两个人说,所以用'跟';春雨可以给柳树洗澡,柳树却不能给春雨洗澡,所以用'给';春风可以给柳树梳头,柳树却不能给春风梳头,所以也用'给';'捉迷藏'也一般是两个人才可以进行的游戏,所以用'跟'。'跟、给、给、跟',记住了!然后呢?前面四节的第四个字和第五个字是什么呀?"

"'柳树'!"

"很好!前面四节第六个字与第七(和八)个字是什么呀?"

"'说话''洗澡''梳头''捉迷藏'。"

"很棒,而且它们都是有规律可循的。春雷发出声音,像在说话,所以,是春雷跟柳树说话了;春雨是水,当然像是给柳树洗澡了;春风吹得柳条飘啊飘,柳枝就像长长的头发,所以是春风给柳树——"

"梳头了!"

"真棒!春燕飞呀飞,一下飞到柳枝外,一下躲到柳叶里,像是在捉迷藏!我们前面已经记住了春雷、春雨、春风、春燕,那么,春雷跟柳树说话了,春雨给柳树洗澡了,春风给柳树梳头了,春燕跟柳树捉迷藏了。"

这样每节相同的字一个一个地记,学生就可以根据这些关键字记得八九不离十了。

然后,我会让学生一行一行地记住诗句,我再一行一行地擦掉关键字。一节课下来,大部分学生就都能够背诵课文了。

(2)**关键词记忆法**。经过低年级的"'瘦身'背诵"训练后,到了中高年级,教师基本就能直接运用关键词记忆法了。比如,背诵《桂林山水》,我会先让学生一句句读熟练,然后只在黑板上板书这些关键词:

　　　　甲天下　乘　荡漾　观赏
　　大海　西湖　漓江的水　静　清　绿
　　泰山　香山　桂林的山　奇　秀　险
　　　　　山水　水　山　画

然后，学生只需借助这些关键词把那些已经比较熟练的句子连缀起来就可以了。当然，我们还可以结合"'瘦身'背诵"，先多提供一些关键词，然后慢慢减少。

（3）规律法。有些文章结构工整，句子之间、段落之间结构相似，在指导学生背诵时，让学生抓住规律背诵就容易多了。如果每章字数、句数、句式基本相同，只有某些对应位置上的字不同，那么背完第一章后再按照规律背其他两章则轻而易举。比如，背诵《比尾巴》：

谁的尾巴长？谁的尾巴短？谁的尾巴好像一把伞？

猴子的尾巴长，兔子的尾巴短，松鼠的尾巴好像一把伞。

谁的尾巴弯？谁的尾巴扁？谁的尾巴最好看？

公鸡的尾巴弯，鸭子的尾巴扁，孔雀的尾巴最好看。

我一般只要孩子记住"长、短、伞、弯、扁、好看"几个关键词，其余的，单节是问"谁的尾巴"，双节是答"××的尾巴"，这样，一篇课文就记住了。

（4）理解法。理解是背诵的前提。教师要指导学生理解好关键词语、句子、课文大意，理清各层次之间的关系，使学生随作者的思路而活动，从而达到理解记忆的目的。

比如，学习《画家乡》。课文里面写到了五个人的家乡，但是各人的名字和家乡所在的地方却是有联系的——住在海边的孩子，因为海里有波涛，所以叫"涛涛"；住在大山的孩子，直接叫"山山"，这个最好记；住在平原的孩子直接叫"平平",也很好记;住在草原的孩子,草原上有青青的草,所以叫"青青";住在城市的孩子,北京是城市的典型代表,所以叫"京京"。听我这么一分析,大部分孩子都记住了每个孩子的名字和家乡。

学习《小壁虎借尾巴》,为了让孩子们记住小壁虎都向哪些动物借了尾巴,我帮他们进行分析:小壁虎向三种动物借了尾巴。第一个是水里游的,是什么呀?对了,小鱼姐姐——多么有礼貌的小壁虎啊。第二个是地上走的,是什么呀?对了,是牛伯伯。第三个是空中飞的,是什么呀?对了,是燕子阿姨。之后,每次问到这个问题,我都会说:"小壁虎向谁去借尾巴呀?水里游的……,地上走的……,空中飞的……"孩子们答得是百分百地准确了。

(5) **分解法**。背诵内容较长时,我会教孩子们将内容分解成很多个小部分,先一个一个地背诵,然后连缀起来,直到背完为止。比如,背诵《燕子》,我会先让孩子一个自然段一个自然段地背,然后再连缀起来。

(6) **尝试法**。指导孩子们背诵的时候,也可先让他们尝试背诵,背诵不出来可以看一下原文,直到背熟练不用看书为止。

(7) **先易后难法**。对于一些难度比较大的课文,我会让孩子们学会使用"先易后难法"。比如,《匆匆》这篇课文,共有5个自然段,其中第三自然段最长。我就先让孩子们背诵第一、二、四、五自然段。在孩子们能背出来后,再让他们尝试背诵第三自然段。因为离成功已经不远了,孩子们觉得背不出来很可惜,所以就咬牙坚持背出来了。很多人做事情都是这样子,如果一开始就遇到硬骨头,就不太想"啃"了;但是,如果已经"啃"得差不多接近成功了,只剩下最后一块"硬骨头",人们往往不想放弃前面的努力,而会设法把"硬骨头"啃完。

先易后难法,不仅对平时的记忆有帮助,对于"有效考试"也同样非常有用。有些低年级的孩子,没有考试经验,在前面遇到一个难题之后,不知道跳到后面去做容易的题，"卡在那儿不动"了，导致后面的题目都没有做，考试结果很不理想。遇到这种情况，我会给孩子们讲道理，让孩子们懂得"绕过去"，从而使他们有效做题、有效考试。

（出示一幅世界河流分布示意图）

我问："同学们，这幅示意图上的河流有什么特点呢？"

"都不是直线，而是弯弯的曲线。"学生回答说。

"为什么会是这样呢？河流为什么不走直路，而偏偏要走弯路呢？"我继续问。

学生七嘴八舌地议论开了……

"同学们，你们非常善于思考，真棒！在我看来，河流之所以会走弯弯曲曲的路，是因为河水在流动时遇到了障碍，比如大山。遇到大山该怎么办呢？河水很聪明，它冲不破障碍，就只好绕过去，绕得多了，河流就成了弯弯曲曲的了。中国有句古话叫'惹不起躲得起'，河水惹不起大山，就躲开大山，绕过去了。我们在考试的时候，有时候也会遇到很多大山，这些'大山'就是我们不会做的难题。我们想啊想，也想不出来，怎么办呢？就停在那里不做了吗？就停在那里哭鼻子吗？都不行，唯一的办法就是像河流一样绕过去。"

"其实，世界上的很多事物都是走弯路的，走弯路是一种常态。你们看，河流因为懂得绕道而行，懂得走弯路，让它避开了一道道障碍，最终抵达了遥远的大海。"

"有的同学也许会说，我放弃了这个题目，这个题目就不能得分了，那我就得不了满分了。但是，你如果不放弃这个题目，停在这里更不可能得满分啊！有时候，知难而退也是一种聪明。"

"清朝的乾隆皇帝曾经在殿试的时候给众举子出了一个上联'烟锁池塘柳'，要求对出下联。一个举子想了一下直接说对不上来，正当别的举子还在冥思苦想时，乾隆帝就直接点了那个说对不上来的举子为状元。"

"因为这个上联的五个字以'金木水火土'五行为偏旁,几乎可以说是绝对。那个第一个放弃的举子肯定思维敏捷,很快就看出了其中的难度而敢于放弃,也说明他有自知之明,不愿意把时间浪费在几乎不可能的事情上。乾隆皇帝当然就直接点他为状元了。"

"所以,果断放弃做不出来的题目也是一种智慧。因为考试是有时间限制的,将时间浪费在你根本做不出来的题目上,而没有时间做后面会做的题目,就会考得很差,就会显得你更加没有智慧了。"

【附录】 "有效学习之星" 评选细则

①上课答出一个问题,视问题难易程度和学生回答完整程度,奖1~5颗星。

②做练习册或其他学习资料,根据正确率,奖1~5颗星。

③每次小测试,根据正确率,奖1~5颗星。

④每次阶段测试,根据正确率,奖6~10颗星。

每周"有效学习记录表"中前n名学生为每周的"有效学习之星"。

第三章

让学生养成快乐学习的习惯

初识快乐"佳人"

佳偶非天成,还需好媒人

初识快乐 "佳人"

我知道,很多老师为学生"衣带渐宽终不悔,为伊消得人憔悴";我知道,很多老师会在考试前感慨"以前担心自己一个人考不好,现在担心一群人考不好";我知道,很多老师面对某些学生甚至有想哭的冲动……可是,怎么办呢?对于这些"少年不识愁滋味"的孩子来说,"泪眼问花"是没有用的。欧阳修早就说过:"泪眼问花花不语,乱红飞过秋千去。""花儿""不语"是因为它们不喜欢眼泪,"不语"是它们对"泪眼问花"的一种潜意识的否定……

"泪眼问花花不语",那我们该怎么办呢?怎样做才能让"花儿""语"呢?

"绿草苍苍,白雾茫茫,有位佳人,在水一方……"

下面就给大家介绍一位能够让"花儿""语"的佳人,她的名字叫"快乐"!

一、利用理论研究

快乐是什么?快乐有什么用?

医学研究人员在 1998 年和 1999 年曾做过两个有趣的医学跟踪实验。实验发现,快乐的情绪对血压和心脏有立即且明显的影响。所以,快乐保护你的心脏。

美国某医学研究机构曾对一群志愿者进行过一个长达 14 年的追踪研究。研究发现,那些志愿者中比较乐观、持有正面思考的人活得较久。所以,快乐使人长寿。

过去很多研究项目都显示，不快乐的人通常是以自我为中心、退缩、无趣、与人敌对的人；相较之下，快乐的人心胸较宽大、愿意接触人、帮助人，喜欢且享受和人在一起的时光。因此，快乐让你有更多的朋友。美国伊利诺伊大学最新的研究也发现，快乐的人有较多的朋友、较好的婚姻，也有较高的自尊和自信，甚至有更好的收入。

英国心理学家韦斯曼曾对"幸运"做过大规模的研究。他发现，所谓好运的人，其实是有迹可循的。像是常常笑脸迎人、乐意交朋友的人，无形中就为自己制造了很多机会。所以，快乐带给你好运。

总之，心情容易放松、愉快的人，会比郁闷的人更能注意到身旁的好机会。更重要的是，幸运的人即使碰到挫折，也能看到它的光明面，不会因此而自怨自艾，甚至能及时做出正确的决定，阻止更糟的情况发生。而这些人的特点都是想法乐观、积极向上。

快乐本来就出自人的心灵和身体组织。我们快乐的时候，可以想得更好，干得更好，感觉更好，身体也更健康，变得更灵敏。

俄国心理学家 K. 柯克契耶夫对人在快乐与不快乐的思维中的状况进行过实验。他发现，人在快乐的思维中，视觉、味觉、嗅觉和听觉都更灵敏，触觉也更细微。威廉·贝特斯证明，人进入快乐的思维或看到愉快的景象，视力立即得到改进。玛格丽特·柯贝特发现，人在快乐的思维中记忆力大大增强，心情也很放松。精神医学证明，在快乐的时候，我们的胃、肝、心脏和所有的内脏会发挥更有效的作用。几千年前，贤明的老所罗门王有一句格言："快乐的心有如一剂良药，破碎的心却吸干骨髓。"犹太教和基督教都把欢乐、喜悦、感恩、开朗列为通向正义和美好生活的途径，这也是很值得重视的。

哈佛大学的心理学家研究了快乐与犯罪行为的关系之后，得出结论说，古老的荷兰格言"快乐的人家不邪恶"在科学上是站得住脚的。他们发现，大部分罪犯出身于不幸的人际关系。对他人的敌意，很多是因为自己的不幸造成的。辛德勒博士说:"不快乐是一切精神疾病的唯一原因,而快乐则是治疗这些疾病的唯一药方。"疾病,意味着一种不快乐的状态——不安乐。

看来,我们对快乐的普遍看法有些是本末倒置的。我们说:"好好干,你会快乐。"或者对自己说:"如果我们健康、有成就,我们就会快乐。"或者教别人:"仁慈、爱别人,你就会快乐。"其实更正确的说法是:"保持快乐,你就会干得好,就会更成功、更健康,对别人也会更仁慈。"

所以,我们要让孩子养成快乐的习惯,让孩子习惯快乐地接受生活中的任何事情,那么,他也会快乐地接受老师交给他的学习任务。从事教学工作这么多年,我经常留心观察,发现其实很多厌学的孩子,不止是厌学,而是已经养成了"厌"的习惯。他不仅讨厌老师交给他的学习任务,还厌恶很多食物,挑食厌食,常常埋怨,这个也不满意,那个也不满意,厌恶劳动,好吃懒做。而一个热爱学习的孩子,往往不仅会愉快地接受老师交给他的学习任务,还会愉快地接受其他的任务,比如劳动、吃饭、帮助他人等。因为他已经养成了快乐生活的习惯,他觉得既然学习是必须的,不如就快乐地去学习。

二、利用演讲稿

让学生养成快乐生活的习惯,会更有利于他们养成快乐学习的习惯,因此,我们要更多地帮助学生培养快乐生活的习惯,当他们习惯了快乐后,自然也就慢慢学会了快乐学习。

=== 演讲稿1:让快乐成为一种习惯 ===

有句话说:"你只要生气1分钟,便丧失了60秒钟的快乐。"确实,人生苦短,悲伤也是一天,快乐也是一天,既然可以选择,我们何必让自己愁眉苦脸?

也许你会说，难道遇到不幸的事情，我们还要欢天喜地不成？当然，有些事情是难免令人悲伤的，比如失去亲人，比如灾难来临……我们当然不可能喜笑颜开，如果我们因为这样的事情适当悲伤，大家也可以理解。可是，我们看到更多的是，有很多人为一些不必要悲伤的事情愁眉苦脸，甚至抑郁成疾、撒手人寰，这就不对了。

有些事情，固然是一种不幸，但事情往往具有两面性。正如塞翁失马，失马未必是祸，它也许会让你获得一匹新马；获得新马未必是福，它也许会让你乐极生悲，骑马受伤；骑马受伤未必是祸，因为它可能让你躲过一劫……

世间万物都有它存在的理由和价值，包括痛苦和灾难。没有分娩的痛苦，哪来生命的欢乐？没有手术的痛苦，哪来痊愈的欢欣？没有离别的痛苦，哪来重逢的惊喜？没有奋斗的痛苦，哪来成功的雀跃？没有蜕变的痛苦，哪来化蝶的欢愉？所以，若你误了班车，别气恼，或许你也"误"了一场车祸；若你正在听一场枯燥的演讲，别急着离去，这也是考验你耐力的好机会；若你正在承受着苦难，别绝望，也许真的"天将降大任于斯人也"，所以才"先苦其心志，劳其筋骨，饿其体肤"……

看到这样一个故事：

一张桌子旁边坐着两个人，每人面前都摆着一盘煎鸡蛋。一个人笑眯眯地吃着鸡蛋："鸡蛋真是个好东西，既营养又美味！"对面那个人却捂着鼻子皱着眉头说："想着这东西是从鸡屁股里出来的，我就恶心，真不知道他怎么吃得下去！"

这就是一个人快乐与不快乐的原因了。有的人终日看到事物好的一面，所以美美地吃着香喷喷的鸡蛋；有的人终日看到事物坏的一面，所以饿着肚子唉声叹气。

所以，任何事情，只要我们看到它好的一面，我们的生活就会很快乐！如果我们总看到它不好的一面，那我们就会生活得很不快乐。

演讲稿2：快乐就是不与人比较

同事画了一幅画，在微博上"显摆"。她的一位朋友评论说："我出五毛买下。"同事说不卖。我也开玩笑地评论说："我出一块！一块钱第一次！一块钱第二次！一块钱第三次！成交！"后来就一直逗她，让她将画给我。她说那是她最得意的作品，说啥也不给。

后来，另一同事家的小家伙来了，逗乐继续。她也喜欢同事的画，被我逗着逗着就和我"竞拍"起来：

"我出一块！"

"我出两块！"

"我出五块！"

"我出十块！"

"我出二十！"

"我出一百！"

"我出一百一！"

"我出一千！"

小家伙犹豫了一会儿，咬咬牙："我出一千一百！"

我立马说："成交！"

小家伙这下傻了眼，她一心想着让我出高价，没想到在她出高价时我居然说"成交"！

之后，我就一直逗着让她"拿钱来"，她只好可怜兮兮地说实话："我只是为了让你不买青青姨的画。"

哈哈，小家伙，你的小心思我岂不知？从你开始和我"竞拍"开始，我就知道了！那一瞬，我心中闪过一个念头："这孩子，一向挺喜欢我的，经常追着我说波姨做的东西好吃，想让我再做，经常追着我让我陪她玩、陪她疯，经常追着我问这问那，这下居然只帮着她青青姨了！这是把我这波姨放到了青青姨之后？"

不过，不到十分之一秒，我就释然了："我为什么要在她心目中排在她青青姨前边呢？我永远不可能成为她心目中的第一。我再怎么对她好，她再怎么喜欢我，我也不过是她不沾亲的波姨而已呀！她有那么多亲人，我得排到哪儿去？我为什么要在意排在谁前、排在谁后呢？同样，她再怎么可爱，也只不过是我不沾亲的'同事女儿'而已，永远也不可能在我心中排第一的。她没在意她在我心中的位置，我为什么要在意我在她心中的位置呢？"如此一来，我又快快乐乐一如既往地逗着那可爱的小屁孩了！

　　至此，我也悟出一个道理：很多时候，我们不要强求在别人心目中排第一。
　　影视剧里也好，现实生活中也罢，因为父母对兄弟姐妹比对自己好一些而耿耿于怀甚至互相残杀的大有人在，尤其是那些皇室贵族，为了得到父母的宠爱从而得到更多的利益而勾心斗角、刀枪相对，多么的令人痛心！
　　在学校，有些学生因为觉得老师偏爱他人而非常生气，为什么要这样呢？你可能觉得老师多爱他一些、少爱你一些，事实也可能确实如此。但一般情况下，学生表现更好就更讨老师喜欢。你不好好表现，为什么老师就要喜欢你？如果表现不好一样讨人喜欢，那谁还愿意表现好？大家都不表现好，这社会将成什么样子？
　　有些人交朋友的时候，也会因为觉得朋友对其他人比对自己好而不满。同样的道理，你犯得着生气吗？你确定你对他比对你自己的其他朋友都好吗？如果不确定，这种不合理的要求趁早收起。就算你非常确定你对他比对自己的其他朋友都好，那么你告诉我，世界上有哪一条法律或规章规定"你当他是你最好的朋友，他就必须也当你是最好的朋友"？就算有，那我问你，如果有两个人都把你当成最好的朋友，你怎么办？你把谁当最好的朋友？其中一个，肯定不行！两个都是？那为什么你的朋友就不可以把你和他的另一个朋友都当成最好的朋友？为什么你就得分出个第一、第二？
　　所以，别再为你在他人心目中不是最重要的而生气了！你在自己心目中最重要就行！爱自己，让自己快乐起来！让自己成为人见人爱、花见花开的开心果，说不定大家就都爱你了！而且是除亲人以外第一爱你！

这使我想起一个故事：

有一位记者去采访一位长寿的老爷爷。

记者问："请问您长寿的秘诀是什么？"

老爷爷说："我从不与人争辩。"

记者说："不可能吧？难道从不与人争辩就能长寿？"

老爷爷说："年轻人，也许你说得对。"

是啊！快乐就是不争，不与人争辩，也不与人去争斗。我们需要努力使自己变得更好，但不是努力使自己变得比别人好！很多人之所以不幸福，不是因为自己真的不幸福，而是因为觉得别人比自己幸福。所以，我说："我很幸福，因为我不与人比幸福！"

所以，幸福也好，快乐也罢，你不与人比较，你就快乐了！

佳偶非天成，还需好媒人

俗话说："知之者不如好之者，好之者不如乐之者。"的确，快乐是最好的营养品，也是最好的催化剂。喜欢快乐，向往快乐，是人的天性。罗莎琳·德卡斯奥说："对于那些内心充溢快乐的人们而言，所有的过程都是美妙的。"所以，将学习这位"才子"和快乐这位"佳人"结合起来，用快乐诱惑学生学习，学生自然就会觉得"学习的过程是美妙的"，学习效果也会好起来。

你想想，一个快乐地接受学习任务的孩子，甚至把学习当成一种享受的孩子，与一个满怀不满地接受学习任务，甚至把学习当成一种折磨的孩子,到底谁的学习效果会好一些呢?而当学习效果好起来后,他们也就会对学习更感兴趣,也就会爱上学习,进而养成快乐学习的习惯。如果我们能让孩子每次开开心心地听课,快快乐乐地接受学习任务,那么我们的教学任务就已经完成了一大半,我们的教学就能事半功倍。孩子的学习有了快乐这位"佳人"相伴,那又何愁他的学习兴趣不会地久天长呢?

虽然学习和快乐能够成为一对佳偶,但是,它们却不是随缘"天成"的,它们能不能相遇还是未知数呢。所以,还需要有好的媒人穿针引线,它们才能真正的天长地久。

那么,如何让才子佳人自然相遇、终成佳偶呢?

一、"佳人"现身——以身作则,做一个快乐的老师

要想让才子佳人成为佳偶,自然先得让才子知道有那么一位佳人才行。同样,如果学生不知道学习是快乐的,或许早就对学习失去了兴趣,厌学"恐婚"了。老师这个"媒人"如果能带着快乐这位"佳人"到处"显摆",学生"才子"才会眼睛一亮:"哦,原来有如此天仙般的美女,我要结婚!""原来学习是这样快乐,我要学习!"

1. 教师保持快乐的习惯,有利于学生快乐地学习

很多老师每天板着脸面对学生。而科学证明,情绪是容易感染人的,你可以留心观察一下,人们看电视时的表情往往会随着剧情的变化而变化。如果老师总是板着脸,学生怎么可能笑得起来?即使学生正在笑,看到怒气冲冲的老师,笑容也可能戛然而止。

因此,要让学生养成快乐的习惯,教师应先以身作则。

如果你正因为受到领导的批评而牢骚满腹,如果你正因为与同事、邻居、家人的争吵而"怒发冲冠",如果你正在"剪不断,理还乱",如果你正在"晓镜但愁云鬓改"……那么,你的学生很可能就会受到你的感染而愁眉苦脸。一个愁容满面的老师要求学生快乐学习,那势必是不会成

功的。

而且，在你发愁的时候，你还可能对学生发火。而你发火的结果，不仅是直接伤害了你的身体，还会伤害学生纯真的心灵，影响到学生的学习心境。有不少学生会因为对教师行为的反感而不愿听教师讲课。学习心境不好，自然就会导致学习效果不好；学生学习效果不好，最终又会导致教师的教学心境不好。如此循环，教师和学生都会身心俱疲，多划不来！

相反，如果你正陶醉在新婚的快乐里，如果你正因喜得贵子而欢喜欲狂，如果你正因蒙受嘉奖而眉开眼笑，学生就会受到你的感染而快乐起来。因为你心情大好，当学生"大闹天宫"的时候，你就会想到孩子就是孩子，爱玩是他们的天性，你就会记得你也曾与他们一样爱玩、爱疯，面对学生的调皮，你就能"和谈"而不是"镇压"了。学生自然会"亲其师，信其道"，你的教学也才会产生预期的效果，你的心境才会开朗。

所以，教师保持快乐的习惯，有利于学生的快乐学习。退一步说，就算不是为了学生的快乐学习，哪怕为了我们自己的健康，我们也要保持快乐的习惯。因为研究表明，愉快的心情有利于人的身体健康，不但可以防癌，还可以治癌，可以养颜，可以长寿等。

当然，有老师会讲："我也想天天快快乐乐的，可是，总是有那么几个小家伙，'英雄交白卷，好汉打零分'，叫我如何高兴得起来？"

是的，每个班总有几个让你头痛的学生，但是，我相信每个学生都是"让我欢喜，让我忧"的，我们何必过多地去想那些让我们忧伤的部分呢？

我无数次地听到老师们发表这样的感慨（其中也包括我自己）："只要不看学习成绩，每个学生都是可爱的！"凡是讲过这句话的老师，相信他们已经发现了那些所谓"差生"的可爱之处。既然我们已经发现了孩子的可爱之处，那就让我们去爱他们吧！

教师有了快乐的心境，就能快快乐乐地进行教学活动。学生被教师感染，也会快乐地学习。久而久之，学生就养成了快乐的习惯。生活习惯决定学习习惯，如果一个学生习惯了牢骚满腹，那么学习时必然也是如此；如果一个学生习惯了开心面对，那么学习时也会开心。当学生习惯了快乐，习惯了快乐地接受自己必须接受的事情，那么他就能很容易地进行快乐学习了。

每次上课的时候，除了用上有趣活泼的导入，我还会快乐地对孩子们说：

"真高兴！我们今天又要去认识几个生字宝宝了！"

"耶！我们又要去学习古诗了！"

"哇！今天我们又要学习一首诗歌了！这样的诗歌，朗诵起来一定特别优美！我们一起来试试吧！"

……

说这些话的时候，我的表情就像是要做一件快乐无比的事情，孩子们自然会受到我的感染，慢慢地，也学会了快乐地学习。

2. 在教学过程中渗透快乐教育

在教学过程中，我也常常注意引导学生"快乐"的习惯：

那天学习《松鼠和松果》，学到"小松鼠、小小松鼠、小小小松鼠"一句时，我问孩子们："知道这是什么意思吗？"孩子们不太懂，于是我微笑着看着前面那个小男孩问道：

"别人是不是叫你爸爸为'黑子'啊？"——这不是一个侮辱性的绰号，所以我就借用一次。

他微笑着说"是"。

我又问："那有没有人叫你'小黑子'呢？"

他开心地笑了："有啊！"

我说："就是这样，将来，你的孩子就是'小小黑子'，那你的孩子又生了孩子呢？"

大家和他一起答起来："小小小黑子。"

"现在大家明白'小松鼠、小小松鼠、小小小松鼠'的意思了吗？"

"明白了！"

"后面还有一个省略号，是什么意思呢？"

"就是还有'小小……小小……松鼠'！"孩子们一边在心中慢慢数着"小"字的个数一边回答着。

"还有呢？"我决定逗一下他们。

"小小……小小……小松鼠。"

"还有呢？"

"小小……小小……小小松鼠。"孩子们一边在心中慢慢数着"小"字的个数一边回答着。

"唉！一群小结巴！"我摇头叹气，"我教着这么一大群小结巴，怎么得了？！唉——"

孩子们发现上当了，开心地笑了……

我又说："刚才，'小黑子'的表现非常棒！老师用他爸爸的绰号来举例子，他也没有生气。老师说他是'小黑子'，他也很开心，他是多么有风度啊！他是快乐学习的好榜样！我们将掌声送给他，好不好？"

"好！"

小黑子笑得更开心了。

"以后，要是有人叫你的绰号，当然不是为了侮辱你，你会不会不开心啊？"

"不会！"

"好！你们真棒！你们都很有风度！但是，我们还是不要随便叫别人的绰号，尤其是那种带有侮辱性的绰号，比如'什么猪''什么怪'之类，还有些带脏话的更不能讲，好不好？"

"好！"

从那以后，我在上课时常常亲热地叫他"小黑子"，孩子们有时候也这样叫。那天，"黑子"到学校来，我跟他说起这事儿，他说："也难怪，他那天回家很高兴地对我说：'爸爸，他们都叫我"小黑子"呢'。"

瞧，这一次，我不仅教会了孩子们理解句子的意思，教会了孩子们快乐地学习，教会了孩子们当别人叫自己绰号的时候不必生气，微笑着接受是一种风度，还教会了孩子们不要叫别人不雅的绰号。一石四鸟，不错吧？

那天用"快乐"造句，一个小朋友造了一句："我快乐地写字！"我马上隆重地表扬他，说他快乐地学习，是好样的。然后就有了"我快乐地看书""我快乐地考试""我快乐地上学"等句子。

3. 利用演讲

当然，我还会常常专门培养孩子的"快乐细胞"。

==演讲稿：选择==

先给大家讲个故事：

山里住着一家猎户。父亲是个老猎手，在山里闯荡了几十年，猎获野物无数，走山路如履平地，从未出过事。

然而，有一天，因下雨路滑，他不小心跌落山崖。两个儿子把父亲抬回了破旧的家，他已经快不行了。弥留之际，他指着墙上挂着的两根绳子，断断续续地对两个儿子说："给你们两个一人一根。"还没说出用意就咽了气。

安葬了父亲，兄弟二人继续自己的打猎生涯。

然而，猎物越来越少，有时出去一天连个野兔都打不回来，二人的日子越来越艰难。

一天，弟弟与哥哥商量："咱们干点儿别的吧。"

哥哥不同意："咱家祖祖辈辈都是打猎的，还是本本分分地干老本行吧。"

弟弟没听哥哥的话，拿上父亲给他的那根绳子走了。

他先是砍柴，用绳子捆起来背到山外换几个钱。后来他发现，山里一种满山遍野的野花很受山外人喜欢，且价钱很高。此后，他不再砍柴，而是每天背一捆野花到山外去卖。几年下来，他盖起了自己的新房子。

哥哥依旧住在那间破旧的老屋里，还是干着打猎的营生。由于常常打不到猎物，生活越来越拮据，他成天愁眉苦脸，唉声叹气。

一天，弟弟来看哥哥，发现他已经用父亲给他的那根绳子吊在了房梁上。

大家看，同样是一根绳子，弟弟用它劳动，用它创造幸福的生活，哥哥则用它来上吊。绳子是同样的绳子，主要是看你如何选择它的用途。

■ **事物都有两面性，关键在于选择**

同样的绳子，你选择用它劳动呢，还是选择用它上吊呢？

（孩子们答："用它劳动。"）

同样的瓶子，你选择用它装蜂蜜呢，还是选择用它装毒药呢？

（孩子们答："用它装蜂蜜。"）

同样的心灵，你选择用它装快乐呢，还是用它装快乐呢？（我又开了一个小玩笑）

（孩子们有的答"用它装快乐"；有的说"老师，你说的两个都是装快乐"）

我笑了："是啊，老师说的两个都是装快乐。"有的人也许会问：同样的心灵，你选择用它装快乐呢，还是选择用它装悲伤呢？但在老师心里，心灵理所当然就应该装快乐，所以，在我，没有别的选择，同样的心灵，你选择用它装快乐呢，还是选择用它装快乐呢？

如果同学们实在想让我再问一次：同样的心灵，你选择用它装快乐呢，还是用它装悲伤呢？

（孩子们齐答："快乐！"）

我故意生起气来:"你看你们,偏要老师再问一次,不还是装的快乐!"(使用时,我一般用的是长沙话的版本:"好硕!霸蛮要老师再讲一遍,不还是扎现答案!口事做!")

■ **事物的意义取决于面对它的态度**

为什么要装快乐,不装生气呢?还是来讲一个故事:

有一天,猴妈妈鼓励两个儿子自己去山羊大伯家做客。山羊大伯为他们准备了很多可口的食物。

猴兄弟生性好动,当看到山羊大伯书房里琳琅满目的收藏品时,猴兄弟更是东看西窥,左钻右跳。看得正欢时,兄弟俩不小心把山羊大伯收藏的花瓶从书架上碰了下来……

晚餐的时候,山羊大伯表扬了猴兄弟在没有猴妈妈的陪伴下勇敢地穿过危险的森林来到他家做客,同时也委婉地批评了猴兄弟的活泼顽皮。

在回家的路上,猴大哥想到山羊大伯的表扬异常兴奋,一路欢笑一路歌唱;猴小弟却牢牢地记着山羊大伯的批评,一路叹息一路忧伤。

同学们,你们喜欢猴兄弟中的哪个?

(孩子们毫不犹豫地回答:"猴大哥!")

是啊,谁都喜欢猴大哥这样的乐天派。可生活中有很多人,记不住别人对他说过的好话,却把别人说他的坏话牢记在心,一直念念不忘。假如我们把坏话当作垃圾,把好话当作金子,我们是选择带着灿烂发光的"金子"上路,还是选择拎着散发恶臭的"垃圾"不放呢?

(孩子们毫不犹豫地回答:"选择带'金子'上路!")

那我们要不要总是拎着散发恶臭的"垃圾"不放?

(学生大声回答:"不要!")

所以,早晨起床,你是选择笑眯眯地起床,说一声"啊,又开始崭新的一天了",还是选择嘟着嘴说"真烦人,又要起来了"?

来到学校,你是选择开开心心地打开书本开始享受学习的乐趣,还是选择嘟囔着"真烦人！天天读书读书"？

上课了，你是选择笑眯眯地期待今天又会学什么精彩的内容，还是选择苦大仇深地坐在位置上等着老师宣判今天"有期徒刑"的"罪名"？

学习的时候，你是选择笑眯眯地憧憬学习可能为你带来的美好未来，还是选择让自己当一个愁眉苦脸的"囚徒"？

■ 接受你不喜欢的事物

世界上的事物分为两种：一种是你喜欢的，一种是你不喜欢的。

喜欢的事物，你当然会快乐地接受，但对于自己不喜欢的事物，应该怎么办呢？

一种是你可以选择不做的。比如，某种对健康影响不大的食品，你不喜欢吃，不吃就是了；某部你不喜欢看的电视剧，你不喜欢看，不看就是了；某件你不喜欢的衣服，你不喜欢，不买就是了……

一种是你无法做出选择的。比如，你受伤了、生病了需要做手术，你不能选择不做，如果你想要活下去，就必须接受手术；你不喜欢上学，但国家规定每个适龄儿童必须接受九年制义务教育，不接受就是违法的，所以，你必须上学。既然都是要接受的，那么你是想选择快快乐乐地接受、开开心心地去做，还是想选择满怀不满地接受、愁眉苦脸地去做呢？当然，你有选择的权利，你也可以选择愁眉苦脸地去做。但是，科学证明，忧郁容易让人生病，容易让人衰老，而且容易使人对你敬而远之，因为谁都喜欢能带给自己快乐的人，而不喜欢让自己不快乐的人。而快乐却可以使人的身体更加健康、更显年轻，使人讨人喜欢，使得大家愿意与之交往。

给你一根绳子，你当如何？任何一件东西的意义取决于用它的人。上帝给了我们同样的帮助——给我们一根绳子，但是最终能成全这种帮助的还是我们自己——是积极面对生活，用它劳动，还是消极面对生活，用它上吊，那是我们自己的选择。上帝给了我们同样的生命，选择快乐还是悲伤，也是我们自己的选择。所以，一样的日子，一样的学校，一样的课堂，一样的学习……你想如何选择呢？快乐或是悲伤，这次人生自助餐，你的选择是什么？请大声告诉我!

（孩子们整齐的"快乐"回答让我欣慰）

最后，播放歌曲《选择》——记住我们选择的是什么？是快乐！（也可以引导孩子唱成"我选择快乐，快乐选择我，这是我们的选择"!）

二、"巧笑倩兮"——用快乐的教吸引学生快乐学习

佳人出场，如果横眉怒目，似白雪公主的后妈，想必也是不招人待见的。所以，佳人还得"巧笑倩兮，美目盼兮"，"才子"才能为其所吸引，也才能有胆量向"佳人"靠近。

1. 让教学变得有趣

虽然现在提倡民主平等的师生关系，但是，在绝大多数学生眼里，"师道尊严"也还是存在的。然而，想让他们"亲其师，信其道"，却也不是那么容易的事情，但如果老师的课堂"巧笑倩兮"就不一样了。如果老师的课堂诙谐、有趣，非常有亲和力，那学生可能就会"亲其师"了。

而且，年龄小的学生还不能像高年级学生那样进行有目的的学习，他们多数丰衣足食，养尊处优，很少明白学习与生活的关系，根本不懂得学习的目的到底是什么。"书山有路勤为径，学海无涯苦作舟"这样的话对于天真活泼的孩子来说实在是一种苛求。因此，要使学生对学习产生兴趣，我们的课堂必须有足够的吸引力，让学生像迷恋游戏一样来迷恋我们的课堂学习。

同样，要想让课堂上走神、睡觉的人少些，再少些，不能仅靠纪律压制，还可以让你的课堂精彩一些，再精彩一些。

就像有句广告词说的，"第一次不来是你的错，第二次不来是我的错"，学生一开始就不坐在教室里，是学生的错，但是，学生已经坐在教室里而你却无法吸引他的注意力，那就是你的错了。

我们每位老师，最好都能像特级厨师一样，把知识的原料烹调出各种

美味，让知识趣味横生，让学习其乐融融，那学生就会高高兴兴地上学校、轻轻松松地学知识、开开心心地做习题、快快乐乐地背课文、踏踏实实地做考卷、随随便便地得高分了……

我们需要"放长线钓大鱼"，要不惜血本地先让学生在快乐中学到知识，让他们知道学习是一件快乐的事情，用快乐把学生"诱骗"上学习的"贼船"。如果一开始我们就告诉学生，学习必须是长年累月、辛辛苦苦才能有所成绩的，那必然对学生是没有激发力的；如果我们先用快乐学习激发学生的兴趣，学生尝到了学习的甜头，觉得学习挺快乐、挺容易，等到他们成熟一点儿时再告诉他们"勤奋""苦学"之类的概念，他们就容易接受了。

所以，我们需要将学习打扮得花枝招展，让学习"巧笑倩兮，美目盼兮"，让学生觉得学习是快乐的事、好玩的事。

2. 搜集有趣的教学内容

要让学习变成快乐的事，当然取决于教师的教学水平和教师的"用心"程度——教师要用心搜集可以用于教学的素材，并将它运用到教学中去。

我们可以根据教材内容，有目的地上网搜集所有有关教材内容的有趣信息，尽量地给枯燥的教材增添些好玩的东西。有些东西还真是"不搜不知道，一搜笑一笑"，原来很多东西居然还有那么有趣的形式。

我现在任教一年级语文，在搜索相关课件时，我发现，《雪地里的小画家》《小小的船》《静夜思》《咏鹅》《画》等课文居然有歌曲视频，于是我如获至宝地把它们收藏了起来，课堂也就当然成了"音乐语文课"，孩子们在歌声中记忆课文，别提多高兴了！

有些东西，刻意去找的时候也许很难发现，真正是"踏破铁鞋无觅处"，但是，却常常在不经意中有所收获，"得来全不费工夫"。我在上网的时候，会浏览文章，看看视频，听听歌曲，常常会有"惊喜"。这个"惊喜"，就是发现了刚好和课文内容相关的有趣信息。

当然，还有一些有趣的内容，虽然对学习有帮助，但是却和教材不一致，那也没关系。其实，我们有很多机动时间，比如复习课。我们可以在机动时间里，引进那些与教材不一致但却有利于学习的内容。比如，现在网上有不少有关识字的有趣视频，可这些视频内容和语文教材上的识字顺序不一致。不过没关系，在复习课上，我会放给孩子们看，不管是《识字不用教》《韵语识字》，还是《火星娃识汉字》《悟空识字》等，孩子们都看得很高兴，顺便也巩固了所学的汉字。如果视频中有孩子们不认识的字，那也很好，就可以当成预习了。

此外，还有很多有趣的儿歌，也是孩子们"音乐识字"的好工具。多播放图文声并茂的儿童歌曲视频，可以帮助孩子在音乐中识字，快乐而有效！

3. 讲讲学习的快乐

当然，除了"佳人""巧笑倩兮"之外，"媒人"如果能再在中间多说说"佳人"的优点，那就更好了。

=== 演讲稿：学习是快乐的 ===

2014年1月4日，65岁的"奶奶大学生"仝正国第三次走进全国研究生考试的考场，希望圆自己的研究生梦。已经是"全国最年长考研生"的她坦言："我考研不是为了拿文凭，就是要享受学习的过程！"

她的求学经历令人敬佩，一个初中文化底子的人，从高中内容学起，先后三次参加高考，且两次高考成功，如今又开始冲击全国研究生考试。

是什么力量使老奶奶有如此热情去考研究生呢？正如她说的，是为了"享受学习的过程"。而什么才是享受呢？接受、享用美好的事物，那才叫享受。所以，在老奶奶心中，学习无疑是快乐的。

有人也许觉得奇怪，学习难道是快乐的？

学习当然是快乐的！

如果你怎么也学不会讲话，连妈妈都不会叫，你会快乐吗？

（学生答："不快乐。"）

所以，当你终于学会叫妈妈的时候，你快乐吗？

（学生答："快乐。"）

如果你已经6岁了，要上学了，还不会走路，你会快乐吗？

（学生答："不快乐。"）

所以，当你终于学会了走路的那一刻，你快乐吗？

（学生答："快乐。"）

你已经6岁了，要上学了，还不能自己大小便，同学们都嘲笑你把大小便弄在了身上，你快乐吗？

（学生答："不快乐。"）

所以，当你终于可以大小便自理的时候，你快乐吗？

（学生答："快乐。"）

你已经上学了，还不会自己穿衣服，还让爸爸妈妈帮你穿衣服，大家都嘲笑你，你快乐吗？

（学生答："不快乐。"）

所以，当你学会自己穿衣服的时候，你快乐吗？

（学生答："快乐。"）

你已经上五年级了，还不会写字，还不会做简单的加法计算，别人总是笑话你，你快乐吗？

（学生答："不快乐。"）

所以，当你学会写字、学会计算的时候，你快乐吗？

（学生答："快乐。"）

所以，学习是不是很快乐的事？

（学生答："是。"）

当然，学习不仅仅可以让你免于嘲笑，也可以让你享受更好的生活。

当你听得懂老师在讲些什么而不再像听天书的时候，你不快乐吗？

当你终于吃到自己做的蛋炒饭而不用再饿肚子的时候，你不快乐吗？

当你终于学会骑自行车而不再摔跤的时候,你不快乐吗?

当你可以自己阅读书籍、读懂很多有趣的故事、明白很多人生的道理的时候,你不快乐吗?

当你终于可以写出一篇好文章来抒发自己的情感而不是有苦无处诉的时候,你不快乐吗?

当你在课堂上回答问题得到老师表扬的时候,你不快乐吗?

当你经过冥思苦想终于解出一道别人都解不出的难题,别人夸奖你的时候,你不快乐吗?

当你考试得了满分,在别人羡慕的眼光里,你自信满满的时候,你不快乐吗?

当你可以用言语反驳别人的调侃,让人哑口无言的时候,你不快乐吗?

当你用一张张奖状证明自己的优秀的时候,你不快乐吗?

而这些,都是学习带来的乐趣,所以,谁说学习不是快乐的呢?

再问你们一次:学习是快乐的吗?

(学生答:"是快乐的。")

那你们喜不喜欢快乐呢?

(学生答:"喜欢。")

那我们要不要喜欢学习呢?

(学生答:"要!")

三、"两情相悦"——"学要乐装",让学生自觉走上快乐学习的道路

"巧笑倩兮"之后,"才子""佳人"慢慢情投意合,两情相悦的日子自然就不远了。

俗话说:"佛要金装,人要衣装。"在我们这里是"学要乐装",学习需要快乐来装扮。

1. 方法多样，吸引学生快乐学习

其实，很多学生不是不喜欢学习，只是不喜欢单调的学习。我们何不多换点花样，给学习添点油加点醋，让学习美味起来。那么，有什么方法可以吸引学生快乐地踏上学习之路呢？方法当然有很多，这里略举一二：

（1）"看一看"。为了让学生写好观察类作文，我会亲自带他们去看看，如观察美丽的家乡、美丽的校园等；为了让学生学会按照事情的发展顺序来写作，我会播放一段搞笑的视频并利用"暂停"功能让学生一步一步地快乐写作……

（2）"画一画"。要让学生记住古诗词等知识，抄写常常是必须的。但是，这也是枯燥的一件事，很多学生在听到这样的作业任务时往往面露不快。后来，我想到一个办法——让学生抄写的次数少一些，但是，要求配上画，"看谁画得最漂亮"。语文作业变成了美术作业，学生喜笑颜开。而且，这样的作业，学生做起来欢天喜地，顺便还锻炼了设计、排版等能力，老师看起来也赏心悦目，何乐而不为呢？

（3）"换一换"。很多事情不能不做，但是，我们可以换个方法做。比如，低年级学生的识字写字。枯燥地抄写，学生定是不太待见的。所以，我就设计了"快乐传递"游戏：两个学生为一组，甲闭上眼睛，伸出任意一只手，乙在甲的手心书写一个生字，让甲猜猜是什么字。然后交换进行。这样的方法，既训练了学生的识字写字能力，形式又新颖活泼，学生参与的积极性很高，老师们不妨一试。（类似的方法，也可以采用写在背上的形式）同样是写字，不过是写在不同的地方，孩子们就兴趣十足了。再比如，读课文，男女各一段读一读，"开火车"读一读，分角色读一读，"你读我猜"读一读（一个学生上台用很轻的声音读课文中的一句话，其他学生猜一猜是哪一句话）……读诗歌时，我们常常采用拍手读、"跳舞读"的形式，还常常进行"你一半，我一半"的游戏——男同学读一半，女同学回答另一半；女同学先读一半，男同学回答另一半……学对联时，我们会玩

"对暗号"的游戏,答对下联的就可以进来……

（4）"**游一游**"。为了让学生写好游记,我会带领学生亲自去游一游。这样的一次亲身经历,胜过在教室里纸上谈兵一千次。游过之后,学生的写作兴趣大大提高,写游记的水平也大大提高。

（5）"**唱一唱**"。很多课文是与歌曲相关的,我们不妨用唱一唱的方法教学。比如,在学习《王二小》一文时,我们可以顺便教学歌曲《歌唱二小放牛郎》;在学习《小小的船》《静夜思》《咏鹅》《雪地里的小画家》等一年级课文时,我们可以顺便播放歌曲视频《小小的船》《静夜思》《咏鹅》《雪地里的小画家》等,让学生在唱歌的同时记忆课文内容,理解课文情感。

（6）"**演一演**"。对于那些可以表演的教学内容,我绝不放过让学生表演的机会。比如,《半支蜡烛》《打电话》等课文,学生演起来兴致勃勃,兴趣倍增,学习效果自然更上一层楼;"神采奕奕""垂头丧气""得意洋洋"等成语,学生也是通过表演来记忆的。六年级复习课上,我们还有"猜一猜　哪句诗"的表演活动,看着学生表演的"春眠不觉晓""锄禾日当午""忙趁东风放纸鸢"等,我也觉得兴趣盎然。

（7）"**玩一玩**"。我们经常进行"词语接龙""默契大联盟""猜谜语""成语表演"等游戏。学生在玩游戏时既增长了知识,又收获了快乐,写游戏、活动的作文自然就言之有物了。

（8）"**秀一秀**"。我们学校的广播站开设了"英语小天地""文学芳草地"等栏目,让学生有机会秀出自己的普通话、精彩作文、英语水平,激发了学生的学习兴趣。我们还有作文比赛、朗诵比赛、听写比赛、速算比赛、手抄报比赛、演讲比赛、辩论赛等,让学生秀得快乐,秀出精彩。

我会尽量进行快乐教学,旁征博引,使课堂充满有趣的东西:幽默故事、相声、小品、搞笑视频……让学生快快乐乐地学起来。我还会开展各种各样的活动,引导着越来越多的学生走上了快乐学习的道路。

2. 及时评价，诱惑学生快乐学习

当然，这个时候，巧舌媒婆如果能再在旁边煽风点火，"才子""佳人"的感情会更加浓厚。这个时候，"巧舌媒婆"该说些什么呢？那就是及时地予以评价，诱惑学生走上快乐学习之路。

（1）学会愉快地接受任务。 那天，我安排学生写字，一个小家伙笑眯眯地开始完成任务。波波曰："大家看，妍妍笑眯眯地开始写字了。我要给她奖一个笑脸。（这时，已经有不少孩子也开始笑眯眯了）老师最喜欢这样的学生了，不像有些同学，老师布置个什么任务，就嘟着嘴说'真烦人，又要写字''真烦人，又要读书''真烦人，又要背课文'！我们就是要快快乐乐地做事情，反正很多事情必须得做，流着泪做是做，笑眯眯地做也是做，你们想怎样做呢？"

"笑眯眯地做！"很多学生开始笑眯眯地回答我。

"真棒！笑眯眯地做事情，多快乐呀！你们是不是也看到很多大人，一边做事一边快乐地唱着歌儿，所以，我们也要快快乐乐地做事情，快快乐乐地度过每一天！老师呢，看着你们快快乐乐地学习，快快乐乐地成长，也非常快乐！以后啊，老师要是看到谁快快乐乐地学习，我就奖给他一个笑脸，表示他是快乐学习的好孩子！"

（2）学会愉快地接受批评。 一天，一个孩子不守纪律。我刚刚批评了他，隔了一会儿，我看到他写字的时候还面带微笑，我马上表扬他："现在我要表扬迪迪，他刚才被老师批评了，现在又在笑眯眯地做题目。（这时，其他孩子也开始面带微笑）他不像有些孩子，挨了老师的批评就嘟着嘴、板着脸，好像跟老师有仇一样，甚至以后见到老师都不喊'老师好'。老师批评你是为了让你改正缺点呀！就像一辆车，如果我喜欢哪辆车，看到哪辆车方向跑偏了可能会掉到沟里去，我马上会把方向盘打过来；如果我不喜欢哪辆车，它方向跑偏了就要掉沟里了，我也不会管，就让它掉沟里去。你们希望老师帮你们打方向盘吗？"

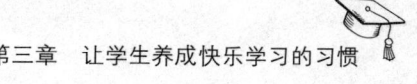

"希望!"

"真乖！是啊！老师帮你们打方向盘，你们才不会掉到沟里去。所以，老师批评你，帮你打方向盘，是爱你的表现。"

"老师批评你也是爱你！记住了，老师表扬你是爱你，批评你也是爱你！所以，对于老师的批评，你也要快快乐乐地接受，快快乐乐地改正，然后快快乐乐地做其他的事情。不要像有些孩子一样，被批评了就生气，就不理人，就什么事都不想干。那样的孩子老师不喜欢。"

"还有啊，老师批评你的时候，你的眼睛要看着老师，表示你在虚心听老师的批评。老师曾经看到过一个学生，他的班主任跟他讲道理的时候，他的头狠狠地歪向一边，下巴高高地扬起，眼睛还翻着，那样子说多难看有多难看！大家都知道老师不喜欢发脾气、不喜欢体罚孩子，可是，为什么我看到他那样子会很生气呢？因为一个小孩子做错了事没什么大不了，以后改正就是了，世上哪有不犯错误的小孩子呢？可是，他不听老师的教导，不虚心改正自己的缺点，这就很令人讨厌了。我相信，我们班的孩子都会像迪迪一样，做了错事虚心接受老师的批评，并且不跟老师生气，还能快快乐乐地继续学习！"

从那以后，孩子们听到我的批评也没有一个脸色难看的了。

当我安排学习任务的时候，如果看到谁笑得比较开心，就会"狠狠"地表扬他。当谁被批评还不生气的时候，我也会表扬他。

一个孩子在上课时检举其他学生不认真听课，我批评他不认真听课，光盯着别人，他露出不高兴的表情，我又批评了他的这种行为。过了一小会儿，当我说出一个问题的时候，他笑眯眯地举了手，我趁热打铁，又给予他"安抚"："你看看××多棒，老师刚才批评了他，现在他又笑眯眯地回答老师的问题了，我要给他奖两颗星！"他的不愉快立马就不见踪影了！后来，很多孩子被我批评的时候都不生气了。

再后来，我又更进一步地强调："老师批评你，就是提醒你，老师关心你、希望你多学点知识才会提醒你呀，不然老师就会多一事不如少一事，所以，老师批评你、提醒你，你应该对老师说：'谢谢老师的提醒！'"之后，孩子们也学会了说："谢谢老师的提醒！"

（3）学会微笑着问好。刚开学不久，虽然我对孩子们讲过"每天到学校时要向老师问好，离校时要向老师说'再见'"，可总有些小朋友不记得。那天，我说："今天，我非常高兴，因为早上，婷婷、诚诚和圆圆等同学笑眯眯地向我问好。看到他们的笑脸，我也非常高兴。还有，很多同学在放学回家的时候，都会向我说：'波波老师，再见！'还有的说：'亲爱的波波老师，再见！'这让我每天放学的时候都非常的高兴。"

第二天早上，每个学生都笑眯眯地向我问好；放学时，每个学生都笑眯眯地对我说："波波老师，再见！"

【附录】 "快乐学习之星" 评选细则

①快乐接受老师布置的任务，不发牢骚的，奖一个笑脸。发牢骚的，则画一个黑色圆圈。

②微笑着完成老师布置的任务的，奖一个笑脸。赌气完成老师布置的任务的，如嘟着嘴巴、故意将文具盒、书本等重重地拍在桌上的，画一个黑色圆圈。

③老师批评时不生气，并且能微笑着说"谢谢老师的提醒"的，奖一个笑脸。老师批评时横眉怒目、扬起下巴的，画一个黑色圆圈；与老师对抗，如辱骂、殴打老师的，画两个黑色圆圈。

④见到老师能微笑着问好的，奖一个笑脸。见到老师不打招呼的，画一个黑色圆圈。

⑤与同学玩耍时常常发生纠纷、生气哭闹的，画一个黑色圆圈。

每周笑脸最多而且没有黑色圆圈的则被评为"快乐学习之星"。

第四章

让学生养成主动学习的习惯

为什么要主动学习

如何培养学生主动学习的习惯

为什么要主动学习

话说一文科女给一理科男发短信:"纵我不往,子宁不来。"理科男弱弱地回道:"能不能用白话?"文科女回道:"我不去找你,你就不知道来找我吗?"这个故事讲的是女孩希望男孩主动来找自己。其实,不仅是男女交往,很多时候,很多事情,也都需要人们主动去做。

一、终身学习的社会要求学生主动学习

主动是指不靠外力促进而自动去做或者能够由自己把握。自觉,是自己有所认识而觉悟甚至主动去做,不靠外力促进。邹韬奋说:"自觉心是进步之母,自贱心是堕落之源,故自觉心不可无,自贱心不可有。"美国文学家梭罗曾经说过:"最令人鼓舞的事实,莫过于人类确实能主动努力以提升生命的价值。"那么,作为教师,最令人鼓舞的事实,莫过于学生能主动进行学习。所以,培养学生主动学习的习惯,虽然过程有点累,但结果肯定是令人开心的。

很多学生能够在老师的指导下学习,能够积极认真地完成老师布置的任务,可好的学习习惯还远不止这些,因为这是一个终身学习的社会,等学生走出学校,没有老师的指导时,又该怎么办呢?而且,这样的学习岂不成了"算盘珠子"?这显然不是学习的最高境界。

学校里的学习毕竟是很片面的,如果学生不学习课外知识,知识就会比较单调,况且这也不是教学的最终目的。我们教学的目的是教学生学会学习,让他们具有学习的能力。而在学习能力方面,主动是一个非常重要的因素。

另外,学校教的知识是一样的,如果学生不学会主动学习,学的知识

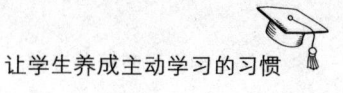

都是一样的,那培养出来的岂不都像工业生产线上千篇一律、缺乏新意的产品,那我们的社会还如何进步?

所以,我们有必要培养学生主动学习的习惯。

二、多管齐下,让学生养成主动学习的习惯

现在的学生大多缺乏主动学习的习惯。早自习时,早早来到教室的人很多,但一般是在教室玩成一团,老师不在,自觉读书的学生极少;自习课上,如果老师不布置任务,学生就各自呆坐甚至"大闹天宫",能自己进行学习的学生极少;如果老师布置的学习任务是让学生自己回家后复习,那么对于绝大部分学生来讲,那就几乎等于"没有作业"……

当然,出现以上这些情况,也不能完全怪学生。可以这样说,大多数学生不是缺乏学习的能力,而是缺乏学习的动力。就如一辆车,如果自身没有动力,单纯靠人去推或拉,是跑不了多远的,即使能够跑得远,拉或推的人也必定很累,终有一天会不堪重负。只有自身有动力,才能不断向前。因此,给学生装上动力,才是省时省力又高效的最佳途径。

1. 利用德育

动力从哪儿来?除了老师、家长的奖励和鼓励,也许就只有德育可以完成这个任务了。

我们可以通过演讲和故事,告诉学生为什么要认真读书,并用口号的形式在课前进行巩固。每次上课前,在我说完"同学们好"、学生回答"老师好"之后,学生都要喊上三句口号:"为振兴中华而读书!为回报父母而读书!为个人幸福而读书!"这样,可以让学生明白读书既是振兴中华的需要——"国之不存,民将焉附",亡国奴的日子是不好过的;读书也是回报父母的需要——"谁言寸草心,报得三春晖",父母的恩情是永远报答不完的,我们有义务让父母过上好日子,即使父母的经济条件较好,也不能让父母提起你就伤脑筋,孩子永远是父母最大的牵挂;读书更是让自己获得

幸福的途径之一——我们不一定非得靠读书赚钱，但是，一个什么也不懂的人，是很难获得幸福生活的。这样一来，学生学习的状态就会好很多。

我们可以通过帮助学生树立理想的方式使学生产生长久的学习动力。孩子们一旦树立了远大的理想，就如夜航有了指路灯，行车有了导航仪，不会再迷失方向。然后，只要他们朝着心中的目标努力，哪怕每天只前进小小的一步，也是可喜的。《超级演说家》栏目里的杜兆泽川，因为有当未来中国领导人的理想，所以，小小年纪就主动学习了很多知识。3岁上幼儿园，在家自学英语，并认识2000多个汉字；4岁自学八年级的生物课；7岁已经能熟练掌握英语，并自学西班牙语和法语……取得这些成绩，都是源于他的理想给予他的无穷动力，否则，一个小孩子绝不会把学习当成乐趣。

我们可以通过教学《读书郎》《读书好》《隐形的翅膀》《不要认为自己没有用》《飞得更高》等励志歌曲使学生明白要认真学习、努力奋斗的道理，使学生时刻充满学习的正能量，"雄赳赳、气昂昂"地走向学习。

我们可以通过做游戏、指方向等方法，使学生明确学习的目标，端正学习的态度，激发学习的兴趣，使他们尝到学习的甜头，成为学习的主人。

一旦培养了学生主动学习的习惯，我们就真的可以"偷得浮生半日闲"了。

2. 利用演讲

除了德育这个好帮手，要让学生养成主动学习的习惯，我们还可以利用演讲。

=====演讲稿：主动起来，不做算盘珠子！=====

什么叫主动？为什么要主动？首先从我们都知道的几位大家谈起。

■ 成就大家的是大家自己

问大家几个问题：

是谁让孔子去拜老师的？是谁让孔子传播自己的思想进而成为名闻天下的教育家的？

是谁让李白写出那么多脍炙人口的诗歌的？

是谁让齐白石爷爷画画然后成为著名画家的？

是谁？

让孔子传播自己思想的那个人，叫孔子！让李白成为大诗人的那个人，叫李白！让齐白石爷爷成为画家的那个人，叫齐白石！

换句话说，让这些伟人成为如此伟大的人的，是他们自己。

没有人要求，也不用人监督，自己让自己去做事情，这就叫主动。

孔子并不是因为有72人追随他而出名。孔子从一开始就主动地把自己的思想理念向世人传播，而且是向王侯将相传播。有人接受了他的思想理念，相信他的思想理念，为他的主动精神所感动，也开始主动传播他的思想理念，于是他们就成了他的门徒。如果他从没有向一个人说起过他的思想理念，就不会有人知道他的思想理念。没有当初的主动，就没有今天的孔子。

李白也是主动写诗的，没有人天天缠着李白说："李白，你写一首诗呀！李白，你写一首诗呀！"

齐白石爷爷也是主动画画的，没有人天天缠着齐白石说："白石，赶紧画画去！画完画才能吃饭！"

■ **主动在于我们自己**

任何事情只有通过主动追求才有可能获得。任何看似不可能的事情，主动试一试，可能就会成功，而连主动试一试的勇气都没有，那就肯定只会失败。所以，如果不主动，就会一无所获！主动在于我们自身，要克服行动的恐惧才能成功。

美国有个叫琼斯的新闻记者，极为羞怯怕生。

有一天，上司叫他去访问布兰德斯。琼斯大吃一惊，连忙说："不行不行，他根本就不认识我。"在场的一个记者拿起电话就拨通了对方秘书办公室的电话："你好，我是明星报的记者琼斯，我奉命采访布兰德斯法官，不知道他今天能否接见我几分钟？"琼斯一听吓坏了，在旁边恨得大骂："你怎么提我的名字？"这时，电话里已传出声音："1点15分，请准时。""琼斯先生，你的约会安排好了。"同事滑稽地耸了耸肩，而琼斯一下子愣住了。

"那一刻是我二十几年来学到的最重要的一课。"这是琼斯成名以后总在说的一句话。主动进取,绝不被动等待!或许主动进取未必能成功,但享受主动进取的过程中的乐趣才是人生成功的开始!主动追求人生舞台上惊心动魄的一幕,才能享受人生的另一番情趣。

■ 学会主动起来

人生在世,很多事情都是需要你主动去做的,没有人会请你去做。学习日的早晨,你要主动起床,主动上学。早自习上,你要主动读书。上课了,你要主动进教室坐好,准备上课。课堂上,你要主动认真听课,不要一直让老师提醒"听课了,听课了,不要吃东西"。需要发言的时候,你要主动举手,发表自己的见解,不要让老师一个一个去问:"你有什么要说的吗?"老师布置了任务,你要主动完成好,不要让老师一遍一遍地催:"赶紧做!赶紧做!"不仅如此,当老师没有布置任务的时候,你也要主动安排自己的学习任务,因为老师布置的任务是面向全班大部分学生的,如果你学有余力,就可以自己给自己安排学习任务,这样你才可能比其他人更优秀。在家里,除了完成作业,还可以主动看课外书,拓宽自己的知识面。

有句俗话说,"有些人就像算盘珠子一样,拨一下动一下"。就是说,算盘珠子没有主动性,只知道被人操纵。这也告诉我们,如果缺乏主动,就只能被人操纵。所以,你们是想做被人操纵的算盘珠子呢,还是想做操纵算盘的人呢?

让我们主动起来,做操纵算盘的人,不做算盘珠子。

如何培养学生主动学习的习惯

很多老师都会发现,在大多数情况下,我们的学生都是处于"要我学"的状态,而只有当学生处于"我要学"的状态时,学习效果无疑才是最棒的！

南京师范大学教授吴康宁先生曾深刻地指出："在国内，任何一个尊重事实的人都不能不承认，我们的儿童正普遍处于一种'受逼'学习的状态……儿童健康的、有活力的成长与发展有一个根本前提，那就是必须处于一种主动的、自由的生存状态！"

处于"受逼"学习状态的小孩长大后会成为什么样的人呢？"整整好几代中国人都没有为更长的寿命做好准备。似乎一个中国人仍旧像古代一样，在30多岁死去比较合适。我从未听说有谁的父母在30岁以后学会了什么新东西，我这一代人也一样，若不是谋生所需，中国人好像就是活在禅定当中——那是印度人发现的死活之间的一个状态，不必费力，不必学习或去做什么新鲜事。"（编剧、作家石康语）石先生说的有点绝对，但他说的的确是大部分人的状态。如果我们培养出的是这样的孩子，然后这样的孩子又"活在禅定当中"，我们的国家还凭什么屹立在这个充满竞争的世界之中呢？

所以，使学生处于一种爱学习的状态，让学生主动读书，使学习成为学生的一种乐趣，是我们刻不容缓的任务。

而要让学生主动学习，就要有吸引学生学习的东西。而吸引学生学习的东西，无非是两样：要么是学习的结果，要么是学习的过程。

一、期待学习的结果

不管做什么事情，如果能预计到好的结果，势必会让人在做事情时充满动力。

1. 利用奖励

小学生年龄还比较小，要让他们全都能看得很长远不太现实，但我们可以让学生多看到眼前的利益，那就是利用奖励以及已经学有小成的学生的学习结果激励他们。

我建议每个学校可以在开学典礼上开一个汇报表彰会，让学生通过演唱、课本剧表演、舞蹈、朗诵、书画等形式展示他们学习的乐趣，让其他学生尤其是新生理解学习的乐趣，然后再给予在各种学习中表现突出的学生奖励，而且，选择的奖品最好是学生特别喜欢的。这样，学生就会被这些学习的结果所吸引，从而走上主动学习的道路。

要注意的是，对于低年级的学生来说，我们要缩短奖励的时间。比如，我们班是每周设立一次奖励的时间，在每个星期一对上个星期表现好的学生进行奖励。如此一来，他们就会很重视自己的学习结果。因为他们知道，学习是有好结果的，只要在一个星期里好好表现，就会获得奖励。同时，在学生领取奖状时，其他学生一般也会产生"我也要好好学习，我也要得奖"的冲动，进而产生良性循环。

这样做之后，我发现，每到星期一，很多孩子就会表现得特别好，尤其是当我在早自习拿着奖状进教室的时候，孩子们都会马上坐得端端正正。因为我说过："如果谁在我发奖状之前表现不好，就取消他的获奖资格！"为了让这种效果持续得久一些，我一般不会进教室后就开始发奖状，而是在学生读书读累了或是干脆到快下自习课的最后几分钟才发。

不仅如此，为了巩固效果，我还会说："领了奖状的同学不要骄傲，要坚持表现好，如果你在今天放学之前骄傲了，表现不好，那我就会把奖状收回来，等你表现好了才能再领回去！"

2. 告知学习的好处

古时候那些头悬梁锥刺股、囊萤映雪、凿壁偷光等故事的发生都有一个前提，那就是，在当时，只要通过了考试，金榜题名，就可以高官厚禄、荣华富贵加身，实现自己治国平天下的抱负。所以，他们才会一点儿也不惧怕学习的苦，反而会享受"十年寒窗无人问"的日子。因为他们知道，只要坚持，只要努力，就能"一举成名天下知"！因为他们知道，今天"吃得苦中苦"，明天就能成为"人上人"。对于古时候的人来说，是学习的结果促使他们主动学习!

社会发展到今天,学习的结果对学生的督促性慢慢减弱了,但也不是完全没有效果。说得现实一点,很多学生之所以认真学习,绝大部分是想得到学习之后好的结果。比如,希望可以考上一个好的学校,毕业后可以找到一份好的工作等。

有的时候,我也不会否定学习可能带来的利益——当今社会,拜金主义现象严重,有些孩子就有了"为金钱而读书"的观念。如果我们只教育孩子"不要一味地追求金钱,美德才是永久的财富",是起不到很大作用的。而且,大家都知道"金钱不是万能的,但没有金钱是万万不能的",如果一味地告诉孩子"金钱无用",还可能使孩子将来毫无经济观念,生活能力低下。

所以,对于这种现象,我并没有粗暴地压制,而是在讲了几则盗窃抢劫的案件之后问学生:"你们瞧,金钱再多,也可能被别人偷走或抢走,甚至可能引来性命之忧。不过我知道有一种财富,是别人无论如何都抢不走、偷不去的,你们想不想拥有这种财富啊?"

学生兴趣高涨:"想!"

我说:"你们知道什么才是别人抢不走、偷不去的财富吗?"

学生回答:"不知道。"

我说:"富兰克林说'如果一个人把他的钱装进他的脑袋里,就没有人能将它偷走'。我们只有拥有了知识和能力,才是拥有了别人抢不走、偷不去的财富!大家想一想,要怎样才能拥有这样的财富呢……"

听了这话以后,孩子们对学习又有了一层新的认识,学习气氛又浓了一些。

有时,我也会告诉孩子一些历史事件和现在的国家大事,告诉他们国家需要他们努力学习才能更加强大;我也会告诉孩子,"爸爸妈妈现在养育着你,等他们老了,你就必须赡养他们,如果你连自己都养不活,怎么赡养爸爸妈妈呢",可见家庭也需要他们好好学习;当然我也时时提醒他们,如果想过上好日子,那就得认真学习。让孩子记得学习可以带来好的结果,就可以激励他们好好学习,天天向上。

当然,如果你愿意,进行专门的"教唆"也是可以的!

=== 演讲稿:少年辛苦终身事　莫向光阴惰寸功 ===

小嘛小二郎,背着书包上学堂,不怕太阳晒,也不怕那风雨狂,只怕先生骂我懒,没有学问啰,无颜见爹娘。小嘛小二郎,背着书包上学堂,不怕太阳晒,也不怕那风雨狂,只怕先生骂我懒,没有学问啰,无颜见爹娘……

这首《读书郎》相信大家都会唱,读书是为了什么?为什么要读书?歌中唱得也不错,一是怕没有学问,无颜见爹娘。爹娘辛辛苦苦供你上学,你不好好学习实在是对不起爹娘。二是为了"不受人欺负,不做牛和羊"。不好好读书,什么都不懂,就容易被人欺负,就只能成为被人驱使的牛和羊。

■ **读书的好处**

其实,读书是有很多好处的:

①读书可以增长知识。人要生存需要很多知识——吃饭需要知识,这样才能知道什么能吃、什么不能吃,什么东西多吃、什么东西少吃,什么东西吃了好、什么东西吃了不好……穿衣服需要知识,这样才能知道怎么穿衣服才适应季节的变化。我们当地有首童谣:"某某某,有点宝(长沙话,'傻'的意思),六月间里穿棉袄,十二月间里洗冷水澡……"讲的就是不懂穿衣知识的"傻子"。当然,穿衣的学问远不止夏天不能穿棉袄这么简单,除了要适应季节的需要,还要适应场合的需要等。住房子、行路、坐车当然也需要知识。所以,没有知识不仅仅是"无颜见爹娘"的面子事,更是关系到自己衣食住行等日常生活的实在事。

而读书可以让你在极短的时间内掌握大量的科学文化知识,摆脱愚昧、无知。你所读的所有东西都会给你的大脑带来新的信息，而你永远无法知道什么时候这些知识就能派上用场。你掌握的知识越多，对于将来你面临的挑战，你的准备就越充分，你就能生存得更好。我们家附近有个孩子，他长了虫牙，别人逗他说："你点点甲胺磷在牙齿上就不痛了。"结果他真的点了，后果我就不说了……

②读书可以带来财富。古话说"书中自有黄金屋"，书读得好就可以考状元、高官厚禄加身，过好日子。现在，读书虽然不能带来那么直接的利益，但是，很多好工作对应聘者的学习能力还是有一定要求的。在现代社会，我们依然认同知识改变命运，学习成就未来。因此，如果你将来想找到一份满意的工作，就得好好读书。

③读书可以使你与人交流时更顺畅，结交到更多的朋友。读书可以提高人的表达能力、交流能力。我们常常看到，两三岁的孩子由于表达得不准确，使得大人不能满足他的要求而非常着急。有一次，我把酸枣粑粑给我家对面的一个两岁孩子吃。第二天，当我又给他吃的时候，他却连连摇头。我问："为什么呀？"他指着嘴巴一个劲地对我说："咬！咬！"我半天没有弄明白他的意思，直到他的妈妈帮他"翻译"过来。原来他昨天吃酸枣粑粑的时候，酸枣粑粑粘在牙齿上老是弄不下来，很难受，他不知道怎么表达，就只好说："咬！咬！"生活中，我们常常需要表达，需要与人交流，如果没有知识，你就不能顺畅地与人交流。我们需要朋友，可是如果你不会表达，你就不能和他们一起谈天说地，开怀舒心。

④读书可以让你的心灵充实、幸福。人的一生中注定有很多孤独的时间，即使是家人，也不可能时时陪着你，这些孤独的时间，我们要怎么度过，读书无疑是一个非常好的办法，这是一种成本很低的娱乐方式。你想想，写书人花了多大的心血才写出来一本书，你花上一点点钱甚至不花钱就可以轻轻松松地读到它，这是多么实惠、多么幸福的事儿啊。你平时很难有机会向那些圣贤和名人请教，但是，你却可以看他们写的书，对于他们的思想，你可以全都了解，这是一件多么快乐的事儿啊！而且，书中的道理往往能让你豁然开朗，让你的

内心充实而幸福。书是你最忠实的朋友。在书的世界里,我们可以忘掉一切烦恼与不快,尽情吮吸着书的清香。

⑤读书可以提高你的层次,提升你的综合气质。我们经常听到这样的评价:"这个人有气质!""这个人太没气质!"气质是人独特的魅力。人们常说"腹有诗书气自华",读书多的人,气质自然跟普通人不一样。通过读书,你可以与很多文人学者对话,吸收他们的精神营养,明白很多道理,也能在无形中为自己增加一抹书卷文艺气,让你的气质更加出众。

古话说"万般皆下品,唯有读书高"。读书是一件高尚的、美好的、实用的事情,我们何不认真读书呢?

■ 珍惜读书的大好光阴

那么,我们用什么时间来认真读书呢?二十几岁、三十几岁、四十几岁、五十几岁再去读?那时候你就该赚钱养活自己、该成家、该生儿育女了,还有时间读书吗?六七十岁再去读?那时候就老了,记忆力不好了,今天读了过几天就忘了。所以,人生最好的读书时间就是几岁到十几岁的时候。这个时候,你没有工作的压力,有充足的时间可以读书,进而为你未来的生活做好充分的准备。有句话叫"好读书不好读书,好读书不好读书",青少年时期是最适于读书的时候,所以我们一定要好好读书。

可是,有很多人,在学生时代不好好读书,等踏上社会了,才后悔自己之前没有好好读书。杜荀鹤说"少年辛苦终身事,莫向光阴惰寸功",就是说,少年时辛苦一点就可以获得终身的幸福,不要耽误少年的时光了,好好读书吧。

二、享受学习的过程

要吸引学生学习,除了利用学习的结果,另一个方法就是利用学习的过程。众所周知:"知之者不如好之者,好之者不如乐之者。"当一个学生觉得学习过程是一种享受的时候,我们何愁学生不主动学习呢?教育被动学习的学生犹如蹬自行车,几十里路就累得气喘吁吁,而教育主动学习的学生犹如开火车,千里迢迢也能大气不喘。

让学生享受学习的过程，最好的方式莫过于利用演讲。

演讲稿1：主动是一种美好的境界

问大家一个问题：远方有一座大山，我们能把大山移到面前吗？

山不会向我们走来，但是，我们可以主动走向山。所以说，我们可以将大山移到我们面前。

"主动"，真是一个神奇的东西。

什么是主动？主动是指不靠外力促进而自动去做或者能够由自己把握。

■ 主动去做，不求回报

主动是一种美好的境界。比如：

你生下来之后，妈妈会主动给你喂奶，主动给你换尿布，主动给你洗澡，主动亲吻你……不需要任何人的提醒。

你小的时候，妈妈会主动给你喂饭、教你走路、教你说话，不需要你的提醒。

你到上学年龄了，爸爸妈妈会主动送你去学校，不需要谁的要求。

你放学回家，爸爸妈妈看到你学习辛苦了，会主动为你做饭，不需要你提前说明。

在学校，上课铃一响，老师就会主动来给你们上课，不需要谁去催促。

……

一次，在法国，作家梁晓声和两个老作家一同坐车去郊区。那天，刮着风，不时有雨飘落。前面有一辆旅行车，车上坐着两个漂亮的法国女孩，不停地从后窗看他们的车。前车车轮碾起的尘土扑向他们的车窗，加上雨滴，车窗被弄得很脏。他们想超车，但路很窄。他问司机能超车吗？司机说，在这样的路上超车是不礼貌的。正说着，前面的车停了下来，一位先生走下来，对后车的司机说了什么，然后让自己的车靠边，让他们先过。

梁晓声问司机："他刚才跟你说了什么？"司机转述了那位先生的话："一路上，我们的车始终在前面，把泥土溅到了你们的车窗上，这不公平！车上还有我的两个女儿，我不能让她们感觉这是理所当然的事情。"梁晓声说，这句话让他羞愧了好几天。

有游客看到一个在澳大利亚土生土长的华人去雪梨周边海域捕捞鱼虾，每次收网之后，他总要挑拣一番，将其中的大部分虾蟹扔回大海。游客不解："好不容易捞上来，为何要扔回去？"他说："在澳大利亚，每个出海捕捞的公民都知道，只有符合国家规定尺寸的鱼虾才可以捕捞。"游客道："远在公海，谁也管不了你呀！"那人淡淡一笑："待久了你就会知道，在澳大利亚，不是什么都要别人来提醒、监督的！"

你看，这些人是多么主动地为他人着想，多么主动地遵守规则呀！这样的主动，给人留下的印象多么深刻，对人心灵的震撼何其巨大。这种境界，多么美好！多么让人觉得是一种享受！

■ 学会主动，立志成才

我们也要学会主动。

爸爸妈妈对我们那么好，在他们累的时候，我们可以主动为他们泡上一杯茶，他们一定会喜笑颜开，特别欣慰。多美的境界！

爸爸妈妈供我们上学，我们要主动好好学习，拿回家几张满分试卷和奖状，让他们笑得像花儿一样。多美的境界！

老师用心教育我们，我们要主动好好听课、好好表现，主动从老师那里"抢"很多分数和奖状，以及"抢"得老师笑眯眯的。多美的境界！

所以，让我们学会主动吧——早自习，主动拿起书本读读课文；自习课上，主动给自己安排学习任务；回家后，主动复习或预习……因为如果不主动，别人想帮助你也是没有办法的——有一个人天天去祈祷："上帝，请让我中五百万吧！""上帝啊！请让我中五百万吧！"终于有一天，上帝说话了："我很想帮你，但是你总得去买张彩票吧！"

梁漱溟先生13岁时，家中曾请了一位饱学之士为他讲《庄子》。但刚学了开头，老师便病倒了。一个月后，老师病好了，梁漱溟也把《庄子》

学完了。

原来，梁漱溟立志成才，学习自觉性极强，没人给他上课，他就自己规定自己每天读10页书，抄10页书，背10页书，从不间断，也不拖欠。就凭着这种主动学习的精神，不到20岁，他就发表了多篇研究古印度哲学的很有创见的文章。

21岁时，他报考北京大学，总分不够，未能被录取。当时的北大校长蔡元培看过他写的文章，也听说过他那种主动学习的精神，就说："当学生没资格，就来当教授吧！"而且真的聘请他为北大教授。梁漱溟到北大任教后不久就写出了轰动中外学术界的《中西文化及其哲学》。

梁漱溟能有蔡元培这位伯乐，固然是一种机遇，但归根结底，他的机遇源于他少年立志、主动学习的精神。

主动，居然引来这样一段佳话，这是一种多么美好的境界啊！

■ **学会主动，走得更远**

再问你们一个问题：假如不会开车的你要乘车去一万里以外的地方，有两个司机可以选择。一个司机说："我可以送你去，但是我只能送你到三千公里的地方。"第二个司机说："我不能送你去，但是我可以教你开车！"你会选择哪个司机的方案？

人生是一段漫长的旅程，没有哪个司机可以送你到终点，除非你自己学会开车。

说到开车，我又想到了李嘉诚的司机。

李嘉诚的司机给李嘉诚开了30多年车。离职的时候，李嘉诚看他兢兢业业干了这么多年，为了能让他安度晚年，拿了200万支票给他。司机说："不用了，一两千万我还是拿得出来的。"李嘉诚很诧异，问："你每个月只有五六千收入，怎么能存下这么多钱？"司机回答说："当我在开车，您在后面打电话的时候，说到要买哪个地方的地皮，我也会去买一点；说到要买哪支股票的时候，我也会去买一点。到现在就有了一两千万的资产。"

大家说：是不是李嘉诚让司机跟着他买地皮、买股票的呢？不是！而是那位司机主动学着李嘉诚的做法去买的。你看，因为司机主动思索，知道跟着李嘉诚一起买肯定没错，主动行动，买下了那些地皮和股票，所以，才给自己带来了财富。多么美好的故事啊！

让我们学会主动，走向美好！最后，将现在网上很流行的一段话送给你们：

每个人心中都有一片海，自己不扬帆，没人帮你启航，久了就是一片死海；每个人心中都有一个梦，自己不去实现，没人帮你绽放，久了心中就没有寄托；每个人心中都有一朵花，自己不浇水，没人帮着芳香，久了心中就会充满荒凉！

=== 演讲稿2：因为爱，所以主动 ===

问大家一个问题：你爱你的父母吗？

（"爱！"）

再问大家一个问题：你爱波波老师吗？

（"爱！"）

谢谢大家的回答！

但是，我真正想问大家的是：你用什么来证明你是爱父母、爱老师的呢？你主动为父母、为老师做了什么呢？

（学生几近沉默）

■ 爱需要用行动来证明

你爱不爱一个人，不是看你口头是怎么说的。爱，是需要用行动来证明的。

如果你的父母在你饿的时候不主动给你做饭吃，在你冷的时候不主动给你买衣穿，在你该上学的时候不主动送你去上学，在你受伤的时候不主动送你去医院，在你孤独的时候不主动陪着你，在你忧伤的时候不主动逗你快乐……但是，他们却经常对你说："宝贝！爸爸妈妈最爱你了！你是爸爸妈妈的心肝宝贝！"你信不信？

（"不信！"）

为什么？

（学生回答不一，但基本意思是爸爸妈妈口头上说爱，但没有表示出爱该有的行动）

对！这样的爸爸妈妈不爱你们，因为他们没有把爱表现在行动上。

爱是什么？爱就是当你饿的时候，主动给你做饭；爱就是当你冷的时候，主动给你添衣裳；爱就是当你该上学的时候，主动送你去上学；爱就是当你受伤的时候，主动送你去医院；爱就是当你孤独的时候，主动陪着你；爱就是当你忧伤的时候，主动逗乐你……

所以，有这么一首歌（播放《爱我你就抱抱我》）：

爸爸妈妈，如果你们爱我，就多多地陪陪我

爸爸妈妈，如果你们爱我，就多多地亲亲我

爸爸妈妈，如果你们爱我，就多多地夸夸我

爸爸妈妈，如果你们爱我，就多多地抱抱我

陪陪我　亲亲我　夸夸我　抱抱我

陪陪我　亲亲我　夸夸我　抱抱我

妈妈总是对我说，爸爸妈妈最爱我，我却总是不明白，爱是什么

爸爸总是对我说，爸爸妈妈最爱我，我却总是搞不懂，爱是什么

爱我你就陪陪我

爱我你就亲亲我

爱我你就夸夸我

爱我你就抱抱我

如果真的爱我　就陪陪陪陪陪陪我

如果真的爱我　就亲亲亲亲亲亲我

如果真的爱我　就夸夸夸夸夸夸我

如果真的爱我　就抱抱我

所以，爱是需要用行动来证明的，而且这种行动还得是主动的，不是每次都得你提醒他才来做的。

■ 爱父母、爱老师，需要用主动的行动来证明

那么，我再问一次：你们爱你们的父母吗？

（有大声说爱的，也有底气不足的，更有闭口不答的）

你们爱波波老师吗？

（有大声说爱的，也有底气不足的，更有闭口不答的）

感谢大家的自知之明，我知道你们心里是爱父母、爱老师的，可是，你们的行动还不能证明你们是爱父母、爱老师的。

你们的父母会辛辛苦苦早早就起来给你们做早餐，好让你们吃了去上学，有的父母甚至还把你们送到学校来，可是，你们是怎样学习来回报父母的呢？有的父母为了你们能取得好的成绩，花不少钱为你们买了点读机、课外书、学习资料等，这些，你们都去学了吗？有的父母为了激励你们认真学习，会允诺说只要你们考得好就奖励这个奖励那个，你们都得到那些奖励了吗？为了你们的成长，父母苦口婆心地教育你们，这些，你们都听了吗？有的孩子不仅不听，还跟父母顶嘴、生气离家出走，甚至稍不如意就打父母……这样的你们，还敢说是爱父母的吗？

老师每天辛辛苦苦地给你们上课，辛辛苦苦地给你们批改作业，为了将课上得有趣一点儿、让你们更喜欢一点儿，辛辛苦苦地做课件、找视频，你们认真听课了吗？你们认真做作业了吗？对于老师讲的那些话，你们都听进去了吗？有些孩子犯了错误，老师忍住脾气和颜悦色地跟你们细细讲，你们明白老师的苦心、改正错误了吗？老师辛辛苦苦忙这忙那，都是为了让你们多学点知识，你们都学进去了吗……这样的你们，还敢说是爱老师的吗？

你们身体有点小毛病，老师赶紧帮你们擦药，帮你们打电话给家长，甚至赶紧送你们去医院，你们呢？你们关心过老师的身体吗？有些孩子只会不停地捣乱，惹老师生气。这样的你们，是爱老师的吗？看到你们学习任务重，老师尽量精简习题，尽量采取好一些的方法来教学，想减轻你们的负担，你们什么

时候想过让老师不那么累呢？

有的孩子，上课时开小差、讲悄悄话，需要老师一次次提醒，不仅影响了老师上课，还耽误了其他同学的学习。一节课总共才40分钟，老师光提醒某个同学就用了三四分钟，如果全班同学都这样，一节课的时间肯定是不够用的。难怪有的同学回到家，爸爸妈妈问起他在学校学了什么东西时，他这样回答说："我今天学了'某某同学，上课不要讲话！''某某同学，上课不能吃零食！''某某同学，上课不可以随便离开座位！''某某同学，上课不可以玩游戏机！'……"（学生笑）所以，以后如果谁再在课堂上浪费大家的学习时间，就必须到讲台上来给全班同学鞠一个躬并大声说："对不起！我浪费了大家的学习时间！"对于老师布置的作业，其他同学都主动做完交上来了，有的同学却要老师不停地提醒，甚至提醒了多次依然不动一笔。这样的你们，怎么可能是爱老师的呢？

所以，爱是需要用主动行动来表达的情感，如果你不用主动的行动来证明、来表达，那就不能说是爱！

所以，如果你爱父母、爱老师，就请好好学习、主动学习，以对得起父母和老师对你的爱！慢慢地，你就会爱学习了！而爱学习又要用什么行动来证明呢？那就是主动去学习！

■ 主动学习才是爱学习的表现

一个人要想有所成就，必须经常主动去学习。要想成为一名画家，你一辈子只画一幅画肯定是行不通的。为了画出一幅满意的画，你需要先主动通过画无数幅画进行练习。要想成为一名作家，你一辈子只写一篇文章肯定是行不通的。为了写出一篇满意的文章，你需要先主动通过写无数篇文章进行练习。要想成为一名医生，在给病人做手术之前，你需要主动进行无数次的学习、观察和模拟训练。要想成为一名主持人，你必须无数次地主动学习普通话、主持的技巧，练习站立的姿势、说话的表情。同样，要想考出好的成绩，你需要主动地进行多次的学习、练习和复习。

我们不仅要主动学习，而且要长期主动学习。主动学习一次，那不叫养成了主动学习的习惯，只有长期主动学习，才称得上养成了主动学习的习惯。

王羲之是东晋有名的书法家，他每天坚持主动练字，练完后就在家旁边的一口池塘里洗笔。这样日复一日，竟将整口池塘的水染成了黑色，像墨一般。于是，人们把这口池塘叫作"墨池"，也叫"洗砚池""洗笔池"。

司马迁从42岁开始写《史记》，到60岁完成，历时18年。如果把他20岁后收集史料、实地采访等工作加在一起，这部《史记》花费了他整整40年的时间。

李时珍花了31年工夫，读了800多种书籍，写了上千万字笔记，游历了7个省，收集了成千上万个单方，为了了解一些草药的解毒效果，吞服了一些剧烈的毒药，最后写成了中国医药学的辉煌巨著——《本草纲目》。

他们的这种做法才叫主动学习。

让我们学习他们的这种精神，坚持主动学习吧。好好表现，好好爱父母、爱老师，也好好爱自己！

三、主动"加油站"

当然，学生主动学习的习惯不是靠一两次演讲就能培养起来的，也不是一两天时间就可以形成的，而是需要教师长期给他们加油充电，帮助他们慢慢养成。所以，我经常采用各种方式为学生"加油"：

1. 利用教材"加油"

◆ 学习《月亮的心愿》。我问："珍珍留下来照顾生病的妈妈，是妈妈要求的，还是珍珍主动要求的？"孩子们答："是珍珍主动要求的！"

"你们瞧，珍珍多么懂事啊！主动要求照顾妈妈，妈妈多开心啊！所以，月亮感动了……要是你们的爸爸妈妈累了，你是主动帮爸爸妈妈按摩呢，还是让爸爸妈妈要求你帮他们按摩你才去做呢？当你的爸爸妈妈生病了，你是主动去照顾他们呢，还是爸爸妈妈要求你去照顾他们你才去做呢？"

◆ 学习《松鼠和松果》。我说："松鼠种松果，是别人要求松鼠种的，还是松鼠自己主动种的呢?"

"是松鼠自己主动种的。"

"松鼠为什么会主动种松果呢?"

"因为松鼠想到:'如果光摘松果,不栽松树,总有一天,一棵松树也没有了。'"

"松鼠真主动,真聪明,可以想到这么多。那么,我们是不是可以向松鼠学习,也这样想一想呢?如果我们都乱扔垃圾而不打扫卫生……"

"那我们就会生活在垃圾堆里。"

"那我们就要主动做什么?"

"主动打扫卫生!"

"打扫起来多麻烦呀!最好的办法是什么呢?"

"不乱扔垃圾!"

◆ 学习《美丽的小路》。文中讲到:"鸭先生推来一辆小车,拿来一把扫帚,认真地清扫小路上的垃圾。"我问:"是谁叫鸭先生来扫垃圾的呀?是老师吗?是爸爸妈妈吗?"

"不是。"

"不是!那他为什么来扫呢?哦,是他主动来扫的!他真是个主动的好孩子!"

文中又讲到:"兔姑娘和鹿先生看见了,也赶来帮忙!"我又问:"他们为什么要来帮忙?是鸭先生叫他们来的吗?"

"不是!"

"那是谁叫他们来的?"

"是他们主动来的!"

"主动来的。真棒!我们的同学会不会像他们一样棒呢?"

"会!"

"能不能比他们更棒呢?"

"能！"

◆ 学习《失物招领》。文中讲到："看到塑料袋里的东西，有几位同学的脸红了，那些东西正是他们随手丢在草地上的。他们一个个跑到唐老师面前，领回了自己的'失物'，向不远处的果皮箱走去。"我问："看到塑料袋里的东西，孩子们是怎么做的？"

"'他们一个个跑到唐老师面前，领回了自己的"失物"，向不远处的果皮箱走去。'"

"唐老师有没有说'孩子们，把垃圾领回去，自己把它扔到果皮箱里去'？"

"没有。"

"这说明他们很……"

"主动！"

"你们会不会主动啊？"

"会。"

"那老师来试试看——如果我说：'这是谁扔的垃圾啊？'你们该怎么主动？"

"我们就主动捡起来扔进垃圾桶！"

"真棒！"

"如果我说：'讲桌上怎么这么乱啊？'"

"我们就主动把讲桌整理好。"

"真不错！"

◆ 学习《夏夜真美》。我问："小蚂蚁掉到水里，是他首先喊救命，还是睡莲姑姑主动关心小蚂蚁的呀？"

"是睡莲姑姑主动关心小蚂蚁的。"

"你们喜欢睡莲姑姑吗？"

"喜欢！"

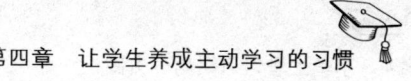

"为什么呢?"

在我的引导下,孩子们说:"因为她主动关心他人。"

"嗯,多么美好的境界呀!那是小蚂蚁要求爬到睡莲姑姑身上,还是睡莲姑姑主动让小蚂蚁爬上去的呢?"

"是睡莲姑姑主动让小蚂蚁爬上去的。"

"睡莲姑姑好不好?"

"好!"

"睡莲姑姑让小蚂蚁今晚就在这儿住下,小蚂蚁是怎么说的?"

"小蚂蚁说:'我得回家。要不,爸爸妈妈会着急的。'"

"你们看,小蚂蚁多么主动地为爸爸妈妈着想啊!他知道自己晚上如果不回家,爸爸妈妈就会着急。所以,我们也要主动地为爸爸妈妈着想,放学以后赶紧回家,免得爸爸妈妈着急……"

"小蚂蚁要回家,是谁主动说要送他回家的?"

"小蜻蜓。"

"嗯,小蜻蜓真好,主动帮助别人。还有谁主动要为小蜻蜓照亮呢?"

"萤火虫。"

"萤火虫也真好,主动帮助别人。大家看,小蚂蚁掉到水里,睡莲姑姑、蜻蜓、萤火虫都主动来帮助他,多么美好的境界呀!所以,文章的标题是'夏夜真美'!所以,老师才说:'主动是一种美好的境界!'"

◆ 学习《小壁虎借尾巴》。我问:"有没有谁让小壁虎去借尾巴?"

"没有。"

"看啊,小壁虎丢了尾巴自己马上主动去借。不像有的同学,等到老师要收作业了才说,'老师,我没有本子','老师,我没有铅笔'。那以后你们要是丢了什么东西或者没有什么东西的时候,要怎么办呢?"

"主动去借!"

"在不方便去买的情况下,就马上去借。但是,我们能不能天天向别人借东西呢?"

"不能!"

"对,当我们需要经常用一样东西的时候,就不能老找别人去借,就要自己去买。所以,如果你丢了什么东西,又急等着用,可以向别人借,但是,回家之后要赶紧去买,不能每次都向别人借。"

"借了东西之后要怎么办呢?是不是要让别人来催你'某某,你该还我的铅笔了!你都借了两个星期了'?"

"不是!"

"那要怎么办?"

"主动还给人家。"

……

◆ 学习《小白兔和小灰兔》。我问:"小白兔的种子是老山羊要给小白兔的还是小白兔主动要的啊?"

"是小白兔主动要的。"

"所以,我们做事情也要……"

"主动!"

"小白兔回到家里,把地翻松了,种上菜籽。是谁让他这样做的呀?"

有的说"是他自己要做的",有的则说"是他主动做的"。

"所以,回到家后是让爸爸妈妈提醒你做作业呢,还是自己要主动去做作业呢?"

"自己主动去做。"

"过了几天,白菜长出来了,又是谁在给白菜浇水、施肥、拔草、捉虫呢?"

"是小白兔。"

"又是小白兔,谁让他做这些的呢?"

"小白兔主动做的!"

"真棒!"

"小白兔挑着一担白菜给谁送去了?"

"给老山羊。"

"他为什么要给老山羊送白菜呢?"

"因为老山羊给了他种子。"

"对了。老山羊给了小白兔种子,小白兔收了白菜就给老山羊送去,这种行为叫感恩。是谁让小白兔把白菜给老山羊送去以表示感恩的呢?"

"是小白兔主动这样做的。"

"对了,是小白兔主动这样做的。我们是不是应该向小白兔学习呢?"

"是!"

"我们也应该主动地学会感恩,爸爸妈妈辛辛苦苦供我们上学,我们要主动帮爸爸妈妈按摩、做做力所能及的事来报答他们,长大了要主动赡养爸爸妈妈、孝敬爸爸妈妈。"

◆ 学习《两只小狮子》。文中讲到:"一只小狮子整天练习滚、扑、撕、咬,非常刻苦。"我问:"是谁让小狮子整天练习的呀?"

"是小狮子主动练习的。"

我叹了口气:"要是同学们都像这只小狮子一样该多好呀!不用老师要求,就主动去学习!我们班有没有这样的小狮子呢?"

有些学生赶紧回答:"老师,我们以后也主动学习。"

◆ 学习《小伙伴》。文中讲到:"这时,安东走到玛莎跟前,什么也没说,把夹着黄油的面包掰成两半,把大一点儿的放到玛莎手里,说:'赶快吃吧。'"我问:"谁让安东把面包分给玛莎吃的?"

"安东主动分给玛莎吃的。"

"你们喜不喜欢安东这样的小伙伴呢?"

"喜欢。"

"我也喜欢,主动关心他人的人都讨人喜欢。"

◆ 学习《手捧空花盆的孩子》。我问:"雄日种的花没有发芽,他有没有去街头接受国王的检查呢?"

"雄日去街头接受了国王的检查。"

"他没有种出花来,为什么还要去呢?"

孩子们这回不再异口同声了。

"因为他要主动面对自己没有种出花来的事实,不能没有做好事情就不去面对,当逃兵。大家想,如果雄日因为自己没有种出花来就不去接受国王的检查,事情会怎么样呢?"

"国王就不知道雄日是个诚实的孩子,就选不出继承人了。"

"是啊,如果雄日不主动面对自己没有种出花来的状况,那他也成不了继承人。所以,只有主动面对,才有可能成功!"

◆ 学习《棉花姑娘》。文中讲到:"忽然,一群圆圆的小虫飞来了,很快就把蚜虫吃光了。"我问:"是谁让这些圆圆的小虫来的?"

"是他们主动来的。"

"是谁让圆圆的小虫很快就把蚜虫吃光的?"

"是圆圆的小虫主动吃光的。"

"多么令人羡慕啊!我希望有一天,'教室里来了一群活泼的小朋友,很快就把课文读熟练了'!"

◆ 学习《火车的故事》。文中讲到:"这么长的火车车厢,一节连着一节,靠什么带动呢?小明感到很奇怪。爸爸鼓励他自己弄明白。"我问:"爸爸鼓励小明自己去弄明白,小明是怎么做的呢?"

"小明查了好几本书。"

"小明真是个好孩子!爸爸鼓励他自己去弄明白问题,他就赶紧自己去查书本,我真喜欢他。有谁愿意也做这样可爱的小明呢?"

"我愿意!"不少孩子回答道。

2. 引进故事"加油"

热乎乎的手

有一个内科专家，在癌症治疗方面卓有成效。他有个保持了多年的习惯：每到冬天，他就在口袋里放一个手炉，保持手总是热乎乎的。

有人问他为什么这么做，他说道："到癌症研究所来就诊的，都是些饱受病魔缠身之苦、抱着极大求生希望的癌症病人。面对医生，他们心中的忧虑及期望之情可想而知。如果他们一来就握到了一双温暖的手，会让他们重新燃起对生活的希望，树立起战胜病魔的信心和勇气；而假如握到的是一双冰冷的、毫无生气的手，病人的心也许就会发凉，因而对生命失去希望。"

这位专家主动为病人着想，十分难得。想想看那是一双多么神奇的手，它把坚定的信念和无声的关怀默默地传递给了那些身患绝症的病人。

倒扣的西瓜皮

著名作家蒋子龙曾在一篇文章里谈到他在戈壁滩上吃西瓜的事情。

吃完了西瓜，他将瓜皮向远处用力地甩出——这里是不会有人罚款的。可让他万万没想到的是，瓜摊主人却跑过去把他丢弃的瓜皮捡了回来，然后倒扣着放在路边，说倒扣着放可以尽量保持西瓜皮的水分，万一后面有出现意外断了水的人，西瓜皮可解他们的一时之急。他还说："这是规矩。"

主动为他人着想，这是一个多么美好的规矩！

四、奖惩激励

当然，对于这些自制力还比较差的小家伙来说，完全依赖"洗脑"是行不通的，还需要有力的监督，用鲜明的奖惩来刺激他们主动学习的细胞。来看看我们的"主动学习之星"评选细则吧：

◆ 早自习主动进行学习，奖励五颗星。老师或值日生提醒后学习的，奖励三颗星。

◆ 领读员领读时认真读书的，奖励三颗星。

◆ 对于老师布置的任务，主动完成并主动交给老师或由老师指定的人检查的，奖励五颗星。对于老师布置的任务，主动完成但没有主动交给老师或由老师指定的人检查的，奖励四颗星。没有完成老师布置的任务的，画一个黑色圆圈。

◆ 任务完成后需要更正的，主动更正并交给老师或由老师指定的人看的，奖励五颗星。

◆ 学会预习并有一定效果的，酌情奖励一至五颗星。

◆ 上课时主动做听课笔记的，奖励一颗星。

◆ 对于学校举行的其他学习活动如春游、各种竞赛等，主动报名参加的，奖励五颗星。参加了活动，并且参加了活动附带的其他学习活动的，如春游之后的作文比赛、各种活动之后的感受写作活动等，再奖励五颗星。在这些活动中获奖的，根据等级奖励五至十颗星。

◆ 课余时间主动向老师提出关于学习方面问题的，奖励十颗星。

◆ 主动写读书笔记并有一定质量的，根据情况奖励五至十颗星。

◆ 主动向学生刊物等投稿的，奖励五颗星；发表了的，奖励十颗星，并颁发"主动学习之星"奖状一张。

一定时间后，主动学习记录表中得星最多的前 n 名学生为"主动学习之星"。

【附录】 波波老师和孩子们的故事
——把一年级教出六年级的感觉来！

我是教惯了高年级的，今年接手一年级，还真有点不习惯。不过，我这"狡猾的狐狸"不想到解决的办法是不会罢休的。一年级怎么了？我就要把一年级教出六年级的感觉来！我就不信，一年级学生非得一个一个手把手地教不成？

一年级的小家伙，刚刚走上学习之路，还缺乏自主学习的能力，而晨读基本靠自觉，所以，一年级学生的晨读是很难像中高年级学生那样顺其自然进行的。但是，如果每个早晨都是老师辛辛苦苦地亲自带读，我想也是一件不太容易的事，不符合"懒教师"的胃口。何况，老师们还常常需要参加学校会议、参加教研活动等，尤其是兼任班主任、辅导员的，比如像我这种又是班主任又是大队辅导员的，更是有各种活动、任务要完成，很多时候，你想到教室监督学生晨读都不行。怎么办呢？

人的素质有差异，一个班一般都会有几个能干一点的学生，我就从他们入手。在教学时，我会首先强调，谁第一个把拼音（或课文）读出来，而且声音响亮、发音清楚，不仅可以获得一颗星星的奖励，还可以成为第二天晨读的带读员。所以，头天上课时，我就会挑选出将当天学习内容读得最好的学生，作为第二天晨读课上的带读员。这个差事也许有点累，但对孩子们来说，更像是一种能力的象征，能成为带读员是非常荣幸的事。所以，我们班的早自习经常书声琅琅，"一派繁荣的景象"。

有人也许要问，可是学生的纪律问题，该怎么办？如果带读的学生在带读，而其他学生都不读，又怎么办？这就关系到另一个问题——一年级小干部的培养及班规的制定。

晨读的时候，有一个带读员，还要有一个纪律监督员。当然，这个纪律监督员一般也要求是能够很好地完成学习任务的学生，这样，他才有余力来管理别人。所以，我的班上还有这样一条规定："谁能够最快、最好地完成学习任务，谁就可以当'纪律监督员'！"因为这一条规定，我们班想当纪律监督员的学生也不少，他们会在学习任务上争先恐后，都想成为最快、最好的那一个。

还有人也许要问："一年级的孩子哪有什么威信？他管得住一班'小儿

多动症'的家伙吗？"当然会有这样的问题，但也不是没有解决方法的。这就是，老师必须帮助纪律监督员树立威信，并且赋予纪律监督员足够的权力。

我是这样说的："纪律监督员就是小老师，他有权要求你们不做老师规定你们不能做的任何事——上课的时候不准吃东西，不准离开座位，不准站起来，不准乱讲话，不准不读书；如果你们做了不该做的事，纪律监督员有权让你们站到教室后面或前面去读书。当然，对于站到教室后面去读书的同学，也不要求你站一整节课。只要表现好，站10分钟左右，纪律监督员就会给你改过自新的机会，让你回到座位上坐着读书。但是，如果你回到座位后又不认真读书的话，纪律监督员还会请你再次站到教室后面去读书。第二次，你就必须一直站到下课才能回座位。如果你不听小老师的话，小老师让你站到教室后面你不去，那就要加重处罚——小老师如果请同学站到后面读书请不动，不要强行去拖，你先让他坐着，等到老师忙完了回到教室的时候你就告诉老师，老师会加重对他的处罚。纪律监督员叫你站，你只需要站到下课铃响就可以下课；如果你不去，等纪律监督员告诉了老师之后，你就需要多站一个课间的时间，作为对你的惩罚。"

这样一规定，第一次还有一个不听纪律监督员话的，纪律监督员告诉我之后，我就狠狠地批评了他，并且让他站在我旁边读到下节课上课铃响为止。众目睽睽，大家知道不听纪律监督员的话是行不通的，所以，以后的晨读，我基本可以当个甩手掌柜了。如果有其他任务，可以放心去忙其他任务；如果有时间监督晨读，我也就站在旁边"看看风景"就行，因为，有带读员，有纪律监督员，没我什么事了。这样，不仅我轻松了，学生也锻炼了能力，这种竞争上岗的模式还激发了学生的积极性，一石多鸟，不亦乐乎！

当然，当教室里只有几个人的时候，不适合领读。这个时候，我就会偷偷溜进教室，瞄准那个正在学习的学生，然后大声宣布他可以获得"主动学习"的五颗星。

为了让学生养成主动学习的习惯，我也让一年级的学生进行预习。在每次教学课文之前，我会先请那些能读出课文的学生读一读，根据情况奖励他们一至五颗星。学生的积极性很高。到后来，因为能够读出来的学生太多，我只好在早自习进行这个活动。这样不仅可以培养学生预习的习惯，还同时督促学生的家长多对他们进行辅导，又小小地可以"偷懒"一下，何乐而不为！

一次，元旦放假返校后，一个学生居然问我："老师，元旦放了假要补课吗？"

我说："你喜欢补课吗？""喜欢！""为什么呢？""因为要学知识啊！"这可爱的小家伙，不管他是为了讨我欢心还是真心如此，我都得"狠狠地"表扬他！

低年级上午、下午各有一节语文课，而下午那节语文课的时间，往往是中高年级上体育课的时候。乡村小学场地有限，有一次，因为别的班上体育课比较喧闹，我没有听到下课铃声，但心中觉得纳闷，所以给孩子们安排了一点事情后，就出去问外边的孩子下课铃响了没有，这才知道已经下课了。于是我赶紧跑回教室道歉，说："孩子们别做了，下课去玩吧！"而孩子们却一个个坐在座位上不动："我们要做完再出去玩！"多么乖巧的小家伙！要知道，以往当我宣布不需要完成某个任务的时候，听到的都是欢呼声。幸亏我布置的任务不多！等到下次上课时，我隆重地表扬了他们，并且说："老师真是太感动了！太喜欢你们了！我要把这件事情写到我写的书里去！"他们的正能量更多了。

学习课文不久，我就开始培养学生记笔记的习惯。对于一些重要的内容，我会让学生记在课本上。一次，我还没有安排学生记在书本上，伊伊就把我板书在黑板上的字抄到了课本上合适的位置。我非常高兴，当然又免不了隆重地表扬了她一番。于是，上课记笔记的学生越来越多了。

第五章

让学生养成创新学习的习惯

为何要培养学生创新学习的习惯

如何培养学生创新学习的习惯

为何要培养学生创新学习的习惯

下课时间，老师们正在校园里聊天，忽然一个孩子过来向我们报告说："王某某拿着石头要打我们。"王某某，那是一个"特殊"的学生，有些事你跟他是说不清的。我赶紧跑过去看，劝阻他不要打人。他的班主任也马上走过来，把他叫到了办公室门口。几个老师都在告诉他不能拿石头打人。可看样子他根本没听进去，于是我又强调了一遍，并问他："听见了没有？"他立刻不服气地大声回答："没听见！"

说实话，这是我从教以来第一次听到不同的声音，以往每次和学生谈话或者听别的老师与学生谈话，"听见了没有"的回答从来都是"听见了"。这一个"没听见"可真是振聋发聩，我悲哀地发现：也许只有特殊的学生才有这种对教师、权威说"不"的勇气。

其他孩子的"听见了"，有的是真的听见了，有的却未必是以老师为然，但那些不以老师说的为然的，却往往也会表面上说"听见了"！虽然，对于这个孩子，老师说的明明是对的，他回答"没听见"是不对的，但是，这却让我深深思索，在其他方面，我们的孩子是否太缺乏说"不"的勇气？一个不敢说"不"的孩子，能不能成为创新型人才呢？

什么是创新？顾名思义，创新就是创造新的事物。创新是指以现有的思维模式提出有别于常规或常人思路的见解为导向，利用现有的知识和物质，在特定的环境中，本着理想化需要或为满足社会需求，而改进或创造新的事物、方法、元素、路径、环境，并能获得一定有益效果的行为。表现为突破束缚，有自己独特的见解。近些年来，"培养学生的创新精神"的

口号喊得轰轰烈烈，可它到现在还基本上只是一句口号而已。但是，谁都知道，我们要的不是口号，是真真实实的创新。

===演讲稿：创新，让生活更美好===

你喜欢每天都吃同一样菜肴吗？你喜欢每天都听同一首歌吗？你喜欢每天都穿同样一件衣服吗？你喜欢每天都待在同一个地方吗？你喜欢老师天天都教你一样的知识吗？

不喜欢！非常好！这说明你们都具有创新精神。

说到创新精神，有的同学也许不懂，《伊索寓言》里的一个小故事给我们做了一个形象的解释：

一个暴风雨的日子，有一个穷人到富人家讨饭。

"滚开！"仆人说，"不要来打搅我们。"

穷人说："只要让我进去，在你们的火炉上烤干衣服就行了。"

仆人以为这不需要花费什么，就让他进去了。

进来以后，这个可怜人请厨娘给他一个小锅，以便他"煮点石头汤喝"。

"石头汤？"厨娘说，"我想看看你怎样用石头做成汤。"于是她就答应了。穷人于是到路上拣了块石头洗净后放在锅里煮。

"可是，你总得放点盐吧。"厨娘说，她给了他一些盐，后来又给了他豌豆、薄荷、香菜。最后，又把能够收拾到的碎肉末都放在了汤里。

当然，你也许能猜到，这个可怜人后来把石头捞出来扔回路上，美美地喝了一锅肉汤。

如果这个穷人对仆人说："行行好吧！请给我一锅肉汤。"会得到什么结果呢？仆人肯定不能未经主人的允许就随便给人肉汤，但是，穷人独辟蹊径，说要"煮石头汤"，而石头汤是个新事物，仆人觉得新奇，就破例允许了。这就是创新思维的力量！因此，伊索在故事结尾处总结道："坚持下去，方法正确，你就能成功。"这里的"方法正确"就是指能够让别人产生兴趣的创新思维。这个穷人之所以能够成功,就在于他与其他穷人乞讨时的思维不同。

还有这样一个故事:

在旅店里,一大群人正围着火炉烤火,后面来的一位旅客怎么也挤不进去。于是,他对伙计说:"小二,麻烦你拿些鱼去喂喂我的马!"围炉烤火的人一听"拿鱼喂马"的新鲜事,赶紧去围观,于是后面来的这位旅客成功地坐在了火炉旁边取暖。

这就是创新思维的力量。如果他直接让这些围炉烤火的人给他腾地方,效果肯定是不太理想的,而他的"拿鱼喂马"却成功调虎离山。所以,创新思维就是要你以不寻常的方式来达到自己的目的。

可是,看看我们的同学,大多都一门心思地等着老师的标准答案,很多同学盲目跟风,顺从流俗,没有自己的个性……就像每天吃同样一个菜,每天穿同样一件衣,每天待在同样一个地方一样,大家会觉得这样很没意思。

因此,我们需要新的东西,我们喜欢吃各种各样的新的食物,我们喜欢各种各样漂亮的新衣服,我们渴望去旅游、去自己没有去过的地方、看看自己没有见过的东西,我们希望听到新的歌曲,我们希望学到新的知识……中央电视台的春节联欢晚会再怎么好看,我们也不喜欢看年年一个模样的;电视剧再吸引人,我们也不可能天天看同一部电视剧;再好的文章,我们也不可能一辈子只读这一篇……

我们需要新的东西,但是,这些新的东西从哪儿来?是天上掉下来的吗?是地里长出来的吗?不是,要靠人们自己努力去创造。

我们需要作词作曲家经常给我们创作新的歌曲,我们需要厨师给我们做不同的食物,我们需要服装设计师给我们设计新的衣服,我们需要导演给我们拍出新的电视剧,我们需要每天学习新的知识……

有的同学也许会说:"我又不去从事这些行业,那我可以不创新吧?"即使不从事这些行业,那你准备让你的生活每天"重复昨天的故事"、毫无新意吗?

有些人也许会说,生活原本就是平平凡凡的,怎么可能每天有那么多的新鲜事？是的，生活是平平凡凡的，但并不代表就没有新鲜的感觉，只要你有足够的创新意识，你就可以把你每天吃的大米饭做出无数种花样，你就可以把你的衣服搭配出很多不同的感觉，你就可以在平凡的生活中发现很多美丽的事物，你就可以在平凡的人身上发现很多不平凡的特点，你就可以在平凡的生活中撒下很多幽默的种子，让你平凡的生活也洋溢着幸福的味道。

所以，让我们学会创新吧。创新，可以让我们的生活更美好！

如何培养学生创新学习的习惯

创新，可以让我们的生活更美好，而学生只有从小养成创新的习惯，具备创新意识，才能让明天的平凡生活时时充满惊喜。现在，培养学生创新习惯的重任就落在了我们教师的肩上。

一、勇敢是创新的前提

要培养学生的创新、质疑精神，首先要培养学生的自信，这样学生才会敢于怀疑，才会有不惧权威的勇气。我们要慢慢培养学生不迷信书本、不迷信教师、不迷信权威，用自己的脑筋思考问题的习惯，而不是专门拾人牙慧、步人后尘。

1. 培养学生自信和勇敢的精神

网上流传着这么一段话："做父母最失败的，就是既看不起自己的孩子，又希望孩子成龙成凤；做老师最失败的，就是既不允许学生插嘴，又希望学生有创新精神……"

要培养学生的创新学习习惯，前提是学生必须勇敢。一个窝窝囊囊、循规蹈矩的人是很难有创新行为的。而勇敢的前提是自信。一个不自信的人怎么勇敢得起来？而培养学生自信、勇敢的习惯是培养学生创新学习习惯的前提。教着一群循规蹈矩的学生，把他们压制得个个像奴隶，就很难指望他们成为创新的主子。所以，对于前面的一段话，我们也可以这么说："做老师最失败的，就是既看不起自己的学生，又希望学生成龙成凤；做老师最失败的，就是既不允许学生插嘴，又希望学生有创新精神。"

（1）**让学生把话说完**。我们要做的，就是尊重自己的学生，不要小瞧他们，让他们有机会说话，让他们有机会把话说完。要知道，学生那没有经过"修剪"的思维比我们饱经风霜的思维要美丽得多。

学习《邓小平爷爷植树》的时候，我问一个学生："读了这篇课文，你有什么想法？"

学生说："我觉得邓爷爷好可怜。"

我一惊，这绝对是个新鲜的答案。在问这个问题时，对于学生的回答，我有几种期待，但没想到学生的回答会这么出乎我意料。我没有给予评价，接着问道："为什么呢？"

"因为邓爷爷81岁了还在那里植树！"

多么精彩的意外！我带头鼓起了掌，其他学生赶紧说："棒棒棒，你真棒！向你学习！"

"你真是一个尊敬老人、关心老人、富有爱心的好孩子！知道老人年纪大了，不要让他们干重活了！觉得老人年纪大了还要干重活很可怜，那我们要是以后看到年纪大的老人干重活，我们该怎么办？"

有的说："不让他们干！"有的说："帮他们干！"

我很庆幸自己没有对这个"离谱"的答案进行扼杀，否则我怎么会收获这一段精彩？

作为教师，请尊重学生看似"离谱"的回答！不问问为什么，你永远不知道自己的思维已经瘦得有多可怜！

(2) 适当允许学生插嘴。 学生在课堂上一顿乱说当然不行，但我的规定是："在课堂上不准随意说与课堂无关的话。与课堂有关的话，请尽量先举手再说；如果举手后老师没有发现，可举着手插话！"与课堂无关的话不能说，与课堂有关的话，允许学生发言，经常会收获很多惊喜。

一次，我准备让孩子们写一篇题为"我快乐，我是乡里娃"的作文。我在黑板上板书标题的时候，一个小家伙在下面插嘴说："我快乐，我是土鸡蛋！"我如获至宝，于是，后来就有了刊登在《长沙晚报》上的《我快乐，我是"土鸡蛋"》！

还有一次，我让孩子们用一个词语造句。孩子们在我的表扬下热情空前高涨，小手一只只举得高高的。我一个一个地叫他们起来回答，他们造的句子一个比一个精彩。我不停地表扬他们，也许是我的激励让他们太兴奋了，已经回答过的孩子又把手举了起来，真是"盛况空前"。我心里琢磨着该进行下一个议程了，又有点不忍打击他们的积极性。正矛盾着，我叫到了睿睿。睿睿站起来说："老师，我不是要回答问题。我是想说，我们不能再这样说下去了，我们还要学别的知识呢！"（怎么样？这个小家伙的话出乎您意料吧）——这个小家伙，真是太可爱了！上一次出现这样的情况后，我告诉过孩子们，老师不能再一个个听他们回答了，因为我们还要学习别的知识。但是想到上次孩子们失望的表情，所以这次我有点矛盾。没想到她主动提出了这个问题。

"睿睿真是个好孩子，居然知道站在老师的角度想问题，懂得顾全大局，你们积极思考问题要受到表扬，而睿睿不仅积极思考问题，还能够考虑得更长远、更全面！我们将掌声送给她，好不好？"

"好！"

从那以后，遇到这样积极回答问题一发不可收拾的时候，总有几个孩子说："我们还要学别的知识呢！"

这种感觉很好！

2. 培养学生敢于向权威"亮剑"的精神

很多时候，教材上的内容对于教师和学生来说就是绝对的"权威"，很少有人会质疑教材上的内容。可是，只要稍加思考，我们也会发现，教材上也有不少漏洞。因此，作为教师，在课堂上，不妨也带着学生一起给教材等权威资料挑挑错，这不失为培养学生创新学习习惯的一个好方法。

（1）**教材内容与配套插图不符**。小学教材的内容大都配有相应的插图，以便对内容做进一步的说明。但是，仔细观察就会发现，有些插图与教材内容不符，甚至出现了历史性的错误。而孩子们的火眼金睛也发现了插图上的一些问题。

在学习《盘古开天地》的时候，我先让孩子们看课文，然后让他们提出问题。

有的孩子问："盘古的斧子是从哪儿来的？"

紧接这个问题，又有孩子问："盘古斧子把的木头是从哪儿来的？"

还有孩子问："课文里说盘古倒下后，他的双眼变成了太阳和月亮，可是在插图里，盘古还站着的时候就有太阳和月亮了啊！"

我惊喜地说："你真了不起，别人只找了课文里的问题，你连插图都仔细观察了！而且你发现的问题确实存在，这个，应该是画插图的老师的疏忽吧？可见，即使是教材上的知识也不一定都是对的！所以，我们完全可以勇敢地说出自己的疑惑。而且，这也告诉我们，做事情的时候一定要认真一点，再认真一点，不然就会出现错误！"

孩子们的提问一个接一个，我就不停地说着："哇！你真棒！""哇！这个我还没想到耶！"真真是"质疑声里说丰年，听取'哇'声一片"。

（2）**教材内容不合理**。对于教材中出现的不甚合理的安排，也不妨带着学生深入探究一下。

学习《平平搭积木》："一间给爷爷和他的书住。一间给奶奶和平平住。

一间给爸爸妈妈住。"

我问孩子们："你们家是怎么住的呀？"

有的孩子说是"爷爷奶奶住一间，爸爸妈妈住一间，我住一间"，有的孩子说是"爷爷奶奶和我住一间，爸爸妈妈住一间"，也有的孩子说的和文中描述的一样。

我说："你们觉得平平家这样住好不好？"

有的说"好"，有的说"不好"。

我说："老师觉得这样住不好。爷爷一个人住，好孤单啊！爸爸妈妈要一起住，爷爷奶奶也应该一起住，然后，睡觉前一起说说话、看看电视，爷爷奶奶年纪大了，要是谁有点不舒服，另一个人就在身边，很快就知道了，赶紧帮助他，让他吃药或找人把他送医院，多好啊！平平家这样子，爷爷要是晚上有个什么急症或者奶奶要是有什么不舒服，平平小朋友睡得香香的，也可能不知道，这样多不好呀！所以，我觉得爷爷奶奶要住在一起，就像爸爸妈妈要住在一起一样。你们觉得呢？是爷爷奶奶住一起好，还是爷爷奶奶不住一起好？"

"爷爷奶奶住一起好。"

"可见，教科书上的不一定就是最合理的安排。所以，很多事情，我们可以有自己的想法。"（当然，这篇课文的主要目的不是为了安排各家人怎么住房子，而是为了让小朋友有爱心，多关心需要帮助的人）

（3）教材内容会产生误导。有些教材内容为了说明一个道理，会简化一些内容，导致学生在理解时出现误解。对此，教师不妨带着学生做一番分析。

学完《月亮的心愿》，我问孩子们："你们觉得这个故事好吗？"

很多孩子都说"好"。

我说："老师认为，这个故事里讲的道理很好，告诉人们要主动为他人着想。可是，一天里面到底是太阳公公上班还是雨婆婆上班，不是那么容易改变的。现实中，不是我们希望晴天就会晴天，希望下雨就会下雨的。所以，我觉得这个故事会让小朋友以为天气真的是可以随便变化的，这一点我认为它不是太好。"

从那以后，我也让孩子们自己分析教科书上的故事编得好不好，教科书里的设计合理不合理等。这样，孩子们在分析的过程中自然对某些知识印象深刻，而且不再盲目相信权威了。

（4）敢与教材内容"争锋"。那次轻叩诗歌大门活动，我以自己对诗歌的爱好和膜拜尽力感染着小家伙们。可部分小家伙似乎依然"冰冰有礼"，直到《给诗加"腰"》这节课。

我在黑板上板书好课文中的三句诗：

"轻风 摇 细柳，淡月 映 梅花。"

"轻风 舞 细柳，淡月 隐 梅花。"

"轻风 扶 细柳，淡月 失 梅花。"

我说："其实，我们还可以给它加上其他不同的'腰'，我就给它加了一个，我自己挺喜欢。你们是想先听听我的还是自己先来试试呢？"

"自己试试！"很多孩子都说。

我很高兴——那就试试！

第一个举手的，是平时"沉默是金"的小饶，但他的回答令我惊讶：

"轻风 吹 细柳，淡月 飞 梅花。"

我表扬道："真棒！'吹'字虽然不算新颖，但也写实，可归于平实的一类；后面的'飞'字可非常了得，把月的轻盈、灵动都写了出来，赋予月亮以生命（我做了一个'飞'的动作），非常精彩！所以，给诗加'腰'也不是苏东坡等人的专利嘛？下面我宣布，我们班的第一名文豪正式诞生了！"然后，我和孩子们不约而同地鼓起掌来！

还有举手的孩子，但我一边在教案上快速地记下来一边兴奋地说："稍等一下，我要把它记下来，太精彩了！"

也许是受到激励，也许是觉得自己能比第一个孩子说得更好，孩子们举起的手越来越多。

小祎说："轻风 依 细柳，淡月 胜 梅花。"

垚垚说："轻风 迎 细柳，淡月 比 梅花。"

我兴奋地评价着："我太高兴了！我们班的文豪还不是一般的多！"

这时，平时不太回答问题的小伟在那儿喊了一个什么字，我不想打消他的积极性，马上把他请了起来，他只说了后句："淡月 飘 梅花。"我真诚地表扬道："虽然只有后一句，但充分说明你在认真思考这个问题，你进步了！而且，'飘'字用得非常好，淡淡的月光如轻烟般缓缓飘过梅花，写出了月光朦胧的形态、轻盈的姿态、灵活的动态，给人一种如梦如幻的感觉，真是'一字千金'啊！"——掌声响起来！

小伟兴奋地坐下了，"文豪"越来越多。

小祎再次出击："轻风 引 细柳，淡月 带 梅花。"

阿航说："轻风 牵 细柳，淡月 绕 梅花。"

小倩说："轻风 抱 细柳，淡月 吻 梅花。"

紫阳说："轻风 抱 细柳，淡月 照 梅花。"

小祎三次出击："轻风 迎 细柳，淡月 送 梅花。"

我欣喜若狂："不错，她还运用了一对反义词——'迎'和'送'。"

也许是受了启发，立果马上爆出一对含近义词的"轻风 喜 细柳，淡月 爱 梅花"。

小果说："春风 躲 细柳，淡月 藏 梅花。"

阿航再次出击："轻风 约 细柳，淡月 瞧 梅花。"

小品说："轻风 抚 细柳，淡月 藏 梅花。"

小倩再次出击："轻风 抚 细柳，淡月 赏 梅花。"

小萍说："轻风 见 细柳，淡月 恋 梅花。"

垚垚再次出击："轻风 到 细柳，淡月 配 梅花。"

小果又爆出一对："轻风 邀 细柳，淡月 请 梅花。"

我不停地在黑板上和教案上记录着。孩子们说："波波老师好高兴！""波波老师都跳起来了！"——是呀！这么大的收获，我怎么可能不兴奋得跳起来呢！

精彩还在继续。

小祎第四次爆出精彩："轻风 吟 细柳，淡月 颂 梅花。"

小倩不甘示弱，三次出击："轻风 呼 细柳，淡月 唤 梅花。"

小涵说："轻风 迎 细柳，淡月 带 梅花。"

鲜于发言的小新也站了起来："轻风 看 细柳，淡月 见 梅花。"沉默寡言的阿豪一鸣惊人："轻风 闻 细柳，淡月 学 梅花。"——对于这些，我当然都免不了浓墨重彩地表扬一番。

下课铃响了，我真心不想拖堂，可孩子们不依。

小涵再次出击："轻风 逗 细柳，淡月 笑 梅花。"——我给他补充了一个"淡月弄梅花"。

小玥出场："轻风 吻 细柳，淡月 采 梅花。"

小萍再次出击："轻风 随 细柳，淡月 泪 梅花。"——是不是改为"累"呢？

小倩第四次出击："轻风 怜 细柳，淡月 惜 梅花。"

垚垚又来了:"轻风 陪 细柳,淡月 伴 梅花。"

小祎第五次亮相:"轻风 辩 细柳,淡月 论 梅花。"

立果再次出击:"轻风 携 细柳,淡月 带 梅花。"

更巧合的是,小饶又来了一个精彩的结尾:"轻风 遇 细柳,淡月 知 梅花。"

下课了,在我收拾教案时,一个孩子又凑了上来:"老师,我还有一个'轻风 遇 细柳,淡月 见 梅花。'"

一群求知欲强、记忆力好的孩子还不忘凑过来:"老师,你加的'腰'呢?"

我兴奋地说:"英雄所见略同——我加的'腰'你们都加过了,只不过'分居'了而已。"

"是什么?是什么?!"

"那就是'轻风 吻 细柳,淡月 邀 梅花'!"

孩子们余兴未尽地散去,那里面有着亲自参与咬文嚼字的雅兴,还有与文豪和老师并肩的自信,更有"数英雄人物,还看今朝"的豪情!

我的眼前,开始桃花、梨花飞呀飞——我醉了,醉在这桃李纷飞的美景里!真是"轻风细柳引雅趣,淡月梅花激豪情"啊!

(5)"叫板"教材内容。那日,学习"有志者事竟成"。在解说它的意思的时候,我心里想,其实,并不是所有的努力都可以成功,不是还有"谋事在人,成事在天"吗?于是,想起在QQ空间看到的一篇《俗话说,俗话又说》的日志,说的是很多意思相对的歇后语。我灵机一动,这也是培养创新思维的好素材呀!

我说:"其实俗话说的也不一定就是绝对正确的,甚至有很多俗话是与另外一句俗话唱对台戏的。就比如今天我们学习的'有志者事竟成',是说人只要不懈努力就一定会成功。其实还有一句话表达的意思和它有点相对，是说人努力了不一定会成功，那就是'谋事在人，成事在天'……再比如，俗话说'好马不吃回头草'，但又有一句俗话是'浪子回头金不换'。那么，到底是要回头还是不回头呢，那就要根据具体情况而定了。所以，很多时候，我们也不能听到一句俗话这样说，就马上认为这句俗话是真理。俗话是能说明一定的道理，但有些道理是在特定情况下存在的，不是放之四海而皆准的。不仅是俗话，很多古诗句、名言等也不一定就是真理。不信，大家可以去找一找，看看还有没有和教材上的名言俗语唱对台戏的，也可以去找一些不是教材上的唱对台戏的俗语，看看有多少这样的例子。"

后来，孩子们果然找了很多"唱对台戏"的俗语，比如，"宰相肚里能撑船"与"有仇不报非君子"；"人不犯我，我不犯人"与"先下手为强，后下手遭殃"；"男子汉大丈夫，宁死不屈"与"男子汉大丈夫，能屈能伸"；"宁为玉碎，不为瓦全"与"留得青山在，不愁没柴烧"；"三百六十行，行行出状元"与"万般皆下品，唯有读书高"；"金钱不是万能的"与"有钱能使鬼推磨"；"得饶人处且饶人"与"纵虎归山，后患无穷"；"谋事在人，成事在天"与"人定胜天"……

我让孩子们将找到的这些"对头"一一展示出来，既让他们记住了许多俗语、名言，扩大了知识面，又有利于培养他们的创新思维。而且，我还告诉孩子们：这么多意义相对的俗语、名言，说明了什么呢？说明不管是什么状况，都可以有相对应的话来"安抚"；不管遇到什么情况，你都可以用俗语来"阿Q"一下。通过这种方法使孩子养成乐观的心态。

不仅如此，当学生提出学生辅导资料上出现的错误时，我都会"隆重"地加以表扬，并再次告诉他们："很多东西都有可能出现错误，最重要的是，我们的心里要有一杆秤。不仅是学习资料，有时候试卷上也会出现错误，所以，当我们确信试卷出现错误的时候，要大胆地提出来，而不能去做一个本来就错误的题目。一个本来就错误的题目，往往会得出一个错误的答案。"

二、思考是创新的基础

培养学生创新学习的习惯，首先就得培养学生的创新思维。要培养学生的创新思维，前提是学生先得有思维，也就是要训练学生思考问题的能力，在此基础上再培养学生求新求异的能力，那么学生自然就具备了"创新思维"，形成创新学习的习惯。所以，我们要做的第一步，就是训练学生思考问题的能力。

1. 利用智力游戏

思考思考，有问题才能思考。所以，教师要多提供给学生一些能够锻炼他们思考能力的问题。教材上当然有，但那些问题大都没有趣味性可言，学生缺少思考的积极性。

我常常会从课外引进很多能够让学生思考的问题，如谜语、脑筋急转弯、智力题等，他们做起来兴致勃勃。

一次，在我提出了很多问题后，孩子们都答不上来，于是我就开始给他们逐个分析。有个孩子也许觉得没面子，也许觉得老师都是知道了答案再来考他们的，没什么了不起，就说："老师，我也来考您一个问题，好吗？"

好家伙！不愧是我创新教育下的猛将，居然学会"将"老师的"军"了！可我不怕，非常淡定地对他说："请出题！"于是他出了一个题目，但却被我不假思索地回答出来了。他不好意思地坐下了。其他孩子又是惊叹又是遗憾，惊叹的是我"怎么那么聪明"，遗憾的是自己没有什么题目可以去考老师。有个小家伙喊道："这个太容易了，再出一个！"我微笑着说："好，那就再出一个！"可是孩子们面面相觑，谁也没有可以出的题目。

看着小家伙的样子，我心里一喜，一个念头又冒了出来："从今天开始,我们的智力游戏采取师生互动的方式,不仅老师可以考你们,你们也可以考老师,所以,你们赶紧去搜罗有一定难度的智力题来准备考我吧!考倒我的有奖!"

孩子们一听大喜,从那以后就开始喜欢上了搜集智力题。其实,我比他们更高兴,我本来只是想激发他们的创新思维,谁料到冒出这么一个不服气的小家伙,让我无意中还顺便激发了他们主动学习的热情,我岂能不在旁边偷笑呢!

之后,在我们的活动课上,经常有孩子拿着问题来考我,而我经常可以百分之九十九地不假思索地回答出来。看着孩子们又是失望又是羡慕的表情,我心里暗暗得意。终于有一天,有一个小家伙忍不住地问:"老师,你怎么那么聪明?"

我手舞足蹈、歌之咏之地逗他们:"我是天才呀!我是文曲星转世,阿凡提投胎!"

孩子们撒娇:"嗯——"

我笑:"你们真的想知道?"

"真的想知道。"

"老师并不是天生就这么聪明的,而是我妈妈把我生得这么聪明。"看着孩子们着急的样子,我微笑着说:"当然,不仅是我亲妈,我还有个'干妈'。"

"您的'干妈'是谁?"孩子们就是性子急,不过这是好事,这就叫求知欲。

"我的'干妈'——"我拿起讲台上的几本书,"就是它们!老师的'干妈'就是很多很多的书,老师看过很多很多的书,你们问的问题老师基本都看过,所以,你们一问我就可以张口就答。当然,偶尔也有我没看过的,但是,老师看过那么多问题之后,对这些问题的思维方式已经了如指掌,所以,即使你们提的是我没有看过的问题,我也基本能够很快回答出来！归根结底，是我'干妈'把我教养得这么聪明的。所以，你们光是靠妈妈生得聪明还不够，还要多去认些'干妈'，让她们把你们教养得更聪明，知道了吗？"

"知道啦！"孩子们回答得挺整齐。

当然，后来真正"知道"的同学就真的去拜"干妈"了。

2. 激发学生的好奇心

好奇心是思考的推进器。因此，我们要保护学生的好奇心，激发学生的好奇心，使他们充满探索的欲望。有了好奇心，学生就不会局限于回答别人提出的问题，还会自己常常提出问题。

一切创新都是从发现问题、提出问题开始的。不少杰出的创新成果都留下了动人的传说：瓦特看到壶盖被蒸汽顶起，问了个"为什么"，最终发明了蒸汽机；牛顿被下落的苹果砸了头，问了个"为什么"，最终发现了万有引力……

所以，我很注重激发学生的好奇心，告诉学生好奇心是一个好东西。

学习《我多想去看看》："我对妈妈说，我多想去看看，我多想去看看。"

"这个小朋友很不错，有好奇心，听说别的地方有很多美好的东西，就想去看看。有梦想是好事。我们国家这么大，世界这么大，每个地方的风景和风俗都是不一样的，我们可以多去了解了解，多去看看。所谓'读万卷书，行万里路'，我们也要这样做，不仅要读万卷书，更要行万里路，多到各个地方去看一看。我们亲眼看到的东西往往比书上学的有趣多了，生动多了。现在，不少人都喜欢去其他地方看一看，开开眼界。老师也希望同学们假期的时候多去旅游，多去看看外面的世界，好不好？"

"好！"

"最好还能照几张照片，回来后拿着照片把外面的美丽与这里不同的地方对比说一说，好不好？"

"好!"

3. 培养学生提问、质疑的能力

学生都有自己特殊的兴趣,小孩子特别爱问"为什么""这是怎么回事"。面对学生千奇百怪的问题,有的老师会显得很不耐烦。然而,这些问题恰恰是求知的萌芽。

学生爱提问,是受好奇心的驱使,是兴趣爱好的标志,也是其智力活跃的行为特征。教师应以十分认真的态度关注学生的提问,并耐心启发、解答,从他们的发问中,仔细揣摩他们的兴趣方向,发现他们的爱好。而且,要及时对学生的问题进行评价,肯定他们"爱学习"的精神,这样,他们就会慢慢培养起学习兴趣了。

每次学生提出问题后,我都会惊喜地说:"你真棒!你的小脑袋真了不起!你真是爱学习的孩子!只有爱学习的孩子才会提问题。"有时候,我还会特意鼓励学生:"你提的问题真有水平!不动脑筋的孩子是提不出这样的问题的。"甚至,我还会故意"长他人志气,灭自己威风":"老师小时候可没有像你这样会提问题!""忽悠"得小家伙那个得意,如此这般,他以后怎么会不提出更多的问题呢?慢慢地,学生还会比一比谁提的问题更有水平!而提出问题无疑是学习的一部分,学生愿意提问了,学习的兴趣自然就高涨了!

学习《动手试试看》,我会细细引导孩子们:"这个科学家说金鱼放到装满水的鱼缸里,水不会溢出来,是对的吗?"

"不对!"

"科学家说得也不对?"

他们不作声了。

"科学家说的当然也有可能不对,因为科学家也是人。俗话说'人无完人',即使是科学家,他说的话也不见得全是对的。所以,我们不要完全听信别人的话，要用自己的脑子想问题。而且，文章中的这位科学家如此说也是为了培养学生敢于提出疑问、敢于实践、敢于向科学家说'不'的精神。很多事情，只要我们可以动手试试看，就要动手试试看。当然，那些对生命有威胁的事情不要轻易去尝试。对于如何判断哪些事情是有危险的，也是在考验你自己会不会动脑子思考了。"

学习《我最好的老师》（书中讲了一个老师用虚假的知识考验孩子们的质疑能力，然后告诉孩子们不要相信权威的道理）：

"他说，每一个人都应该具有独立思考和独立判断事物真伪的能力，同时也应该具有怀疑的能力。他告诉我们，当时他让我们传看的只是一个普普通通的猫的头盖骨，并且，就在那堂课上他还提醒过我们：到目前为止，世界上从来没有发现过这种动物的痕迹——那么这个头盖骨是从哪儿来的呢？当时我们中间居然没有一个人提出疑问。'其实我的破绽还有很多，其中包括猫猬兽这个古怪的名字，你们却都深信不疑。'"

"同时，他希望我们从这个零分中吸取教训，不要让自己的脑子睡大觉，一旦发现问题，就应该立刻指出来。"

"怀特森先生让我还有我的同学明白了一个重要的道理：不要迷信书本，也不要迷信权威。"

我让孩子们把这些话读了很多遍，并让他们写了读后感，让他们学会质疑。

4. 利用演讲稿

培养学生的思考能力，也可以借助演讲的形式。

══**演讲稿：我思故我在**══════════════════

首先，我想问问大家，你的刷牙习惯是怎样的？是早上刷牙，晚上刷牙，早晚都刷牙,还是每餐饭后都刷牙?

(孩子们回答的大都是前三种,因为每餐饭后都刷牙,在全是走读生的乡村小学来说是不可能的)

感谢你们的回答。那你们觉得你们的刷牙方式科学吗?你们是怎么决定你们的刷牙方式的呢?是爸爸妈妈告诉你们的,是你们自己这样决定的,还是因为看到大家都那样刷自己也就那样刷了?

我来说说我的看法。很多人都是早晚刷牙的,我却不以为然。我的做法是晚饭后刷牙,早晨和饭后漱口。有些人看我早上不刷牙,只漱口,背地里说我不讲卫生。对这种人,我只是笑笑,随他说去。但是也有人问我为什么这样,我就告诉他:我晚上把牙齿刷得干干净净了,又没有再吃东西,牙齿依然保持干净,为什么要多此一举再刷一次呢?牙刷不停地摩擦牙齿对牙齿也是不好的。不过,经过一晚,口腔里会有一些不太好的感觉,漱漱口就可以了,何必刷牙那么费神而且损坏牙釉质呢?

有的人三餐饭后都刷牙,这样做当然也可以。但是,我觉得没必要刷那么多次,因为牙刷毕竟会损伤牙釉质。所以,有条件的时候,漱漱口就可以了。有的人却是晚上不刷牙,早上刷牙,我觉得这种做法完全是不动脑筋的。吃了一天的东西,牙缝里全是食物残渣,如果不刷掉,粘在牙齿上一晚,就会腐蚀牙齿,也会使得口腔有味道。

是不是发现自己这些年的刷牙习惯不太科学呢?这就是自己不动脑筋的结果。所以,不管多小的事情,都要学会动脑筋。不习惯动脑筋,有很多事情做出来非但劳而无功,反而有害,比如说错误的刷牙方式。

大家都知道,鱼类是将卵产在水里让它孵化的。可鱼卵在水里时要面对很多危险,大鱼、水鸟、水獭、蛇、螃蟹等天敌都会把它列入自己的食谱。因此,尽管一条鱼可以产很多卵,但不少鱼类的数量却难以增加。

不过,非洲有一种鲋鱼却独辟蹊径,它没有将卵产在水里孵化。而是到了产卵期,就仔细寻找岸边有大树的水域。当它发现伸到水面的树枝后,便选择距水面有一段距离的某片合适的树叶作为产房。然后尽力从水中跃起,将身子紧紧黏附在叶片朝下的一面,将卵产在上面。鱼卵在树叶上,水里的天敌奈何不了它;鱼卵在树叶朝下的一面,空中的飞鸟又难以发现它,所以,它几乎隔绝了所有天敌。随后,非洲鲋鱼会一直待在这里,不间断地甩动尾巴,以便激起水花溅到树叶的卵上,保证卵始终处于湿润状态,直到小鱼孵出落到水里。正因为选择了这种独特的孵化方式,非洲鲋鱼的庞大数量才有了绝对的保障。它们虽然身躯只有10厘米左右,却可以在到处都是鳄鱼的非洲水域与水中霸主鳄鱼分庭抗礼。因为非洲鲋鱼善于思考,不囿于常规,所以它们才得以在非洲水域长久地生存下来。

人们常说,生活就是生下来、活下去。生下来比较容易,活下去却不是那么简单的,它需要你时刻开动脑筋,否则,即使一瓶药水、一把小刀、一棵毒草、一只小虫……都可能让你活不下去。可见,生存是一件极其艰难的事情。但如果你善于思考,很多难题就会迎刃而解,那你就可以让你的生活充满阳光。

三、求异是创新的关键

创新思维的另一大特点就是求异,与众不同。

1. 利用课堂随时熏陶学生的求异思维

在课堂上培养学生的求异思维,除了可以充分利用教材内容,还可以利用专门的演讲内容。

(1) **利用教材内容**。比如,学习课文《雨点儿》:

小雨点儿回答:"我要去有花有草的地方。你呢?"

大雨点儿说:"我要去没有花没有草的地方。"

"小雨点儿要去有花有草的地方,当然是要去浇灌那些花花草草,可是,大雨点儿有没有也学着小雨点儿一样去有花有草的地方呢?"

"没有。"

"那大雨点儿去什么地方了?"

"去没有花没有草的地方。"

"对了，我们为什么要和别人一样，别人去哪里我们就去哪里呢？我们应该有自己的想法，想去哪里就去哪里。雨水可以使有花有草的地方的花花草草长得更好，也可以使没有花没有草的地方长出花花草草，所以，有的雨水去有花有草的地方，而有的雨水就去没有花没有草的地方，这样我们的世界才能更美丽。可见，我们不要老是学别人的样子，在很多事情上，我们都可以有自己的想法，比如照相的姿势、穿衣的风格、修剪的发型等。凡是可以有自己想法的事情，我们就要跟别人不一样，这样我们的生活才会有趣，才会丰富多彩。"

（2）利用演讲。找点时间，专门给学生讲讲具有求异思维的重要性，也是很有必要，很能激励人心的。

演讲稿：别给心灵带上枷锁

有这样一个故事：

有一位非常有名的心算家坐在台上，请台下任何一位观众出题——这位天才心算家还从没有被人难倒过。

一位观众开始出题："一辆载着295名乘客的火车驶进车站，这时下来54人，又上来67人。"

心算家轻蔑地笑着。

观众继续说："在下一站又下去89人，上来28人；在下一站又下去47人，上来76人；在下一站，又下去74人，上来23人；在下一站，又下去12人，上来45人；在下一站，又下去37人，上来61人。"

"完了吗？"心算大师似乎很同情地看着这位观众问道。

"不，请您接着算！"观众接着说："火车继续往前开，到了下一站，又下去43人，上来25人；到了下一站，又下去69人，上来47人；到了下一站，又下去33人，上来46人；到了下一站，又下去86人，上来39人。"

这时，观众说道："完了！"

心算大师不懈地说:"你现在就想知道结果吗?"

"那当然,不过,我并不想知道车上还有多少乘客,我只想知道,这趟列车究竟停靠了多少站。"

这位心算家忽然呆住了,他没料到观众问的居然不是车上有多少乘客,长期的心算思路已经给他的心灵套上了枷锁,他没想到自己栽在这样简单的一个问题上。

还有这样一个故事:

大学士刘墉在朝堂之上直言进谏,惹得龙颜大怒。

乾隆皇帝说:"你当庭顶撞,理当处斩,但是,看在你立了不少功的分上,这样吧:朕当堂做两个纸阄,一个上面写着'生',一个上面写着'死',你要是运气好抓到了'生',朕就放你一马,否则就不要怪朕无情了。"

于是,皇帝命人当堂做了两个"纸阄",名曰"生死阄"。刘墉抽到"生阄"便可以活命,抽到"死阄"便会被处斩。但是,细心的刘墉发现,乾隆皇帝写字时的手势明明显示写了两个"死"字而没有一个"生"字,也就是说,无论抽到哪张"纸阄",都难逃一死。但是,他又不能揭穿皇帝。

大家想,如果你是刘墉,你该怎么办?

(孩子们面面相觑,有的说"不抽",有的说"逃跑")

(我笑了)"不抽"那是耍赖,绝不是君子所为,而且也起不到作用,别人不会允许你不抽。"逃跑"更是弱者的行为,而且朝堂之上,侍卫成群,一个小小的文官岂能逃得掉?

(性子急的孩子开始嚷:"那要怎么办?""快点说!快点说!")

你们之所以会这么认为,是因为你们想的都是:"两个都是'死',怎么办?抓哪一个都是死,怎么办?"其实,老师告诉你们,换一个思路想,这两个都是"死"的阄反而比那一个是"生"一个是"死"的阄好抓得多。你们知道为什么吗?

(孩子们想了想,似乎还不太明了)

刘墉是非常聪明的,皇帝之所以这么为难他也是想看看他到底有多聪明。他灵机一动,上前抽出一张"纸阄",看也没看,便一口吞下肚去。剩下那张"纸阄"被当堂打开:上面写的是"死"字。这就证明刘墉方才吞到肚里的那张"纸阄"是"生阄"。于是,乾隆皇帝只好当堂赦免了刘墉。

(孩子们一片唏嘘:"刘墉太聪明了!")
刘墉"吞阄"的故事告诉我们一个什么道理呢?
(孩子们又讨论了一番,无非是"聪明""机智"之类)

刘墉的故事告诉我们:想问题不要被经验所束缚。那些经验所引发的习惯性思维像一条粗大的绳索,把我们全新的思维、发散的思维捆得紧紧的、死死的,使之一成不变地进入了一个死胡同,形成一种思维定式,导致我们"作茧自缚""裹足不前""坐以待毙"。就像这个故事,大家一门心思想的是"抓到哪个阄都会死",却没有想到"剩下哪个阄都能活"。所以,只有走出自设的思维胡同,击碎思维定式,激活全新思维,我们才能像刘墉那样"灵机一动""计上心来",到达成功的彼岸,甚至在关键时刻救自己一命。

在这个世界上,束缚人的,往往是自己的思维。但是,在这个世界上,挽救人的,往往也是自己的思维。这样的故事还有很多,你们想不想再听一个?

一个人因为一件事要被国王处斩。临刑的时候,死囚问,能不能给他一碗水喝。这么小的一个要求,国王怎么能拒绝呢?侍从给了死囚一碗水。可是,死囚端着就是不喝。国王问他为什么不喝。死囚说:"我怕我喝水的时候您突然让人行刑。"国王说:"我保证在你喝完这碗水之前不行刑。"

大家说,如果你是死囚,你会怎么办?
(有的孩子说:"慢点喝!"有的孩子说:"不喝!")

"慢点喝"肯定起不了多大作用,因为一碗水终究是会喝完的。"不喝"倒是个办法,但要看怎么个不喝法,如果就是站在那儿不喝肯定是不行的。

(被我这么一提醒,有几个孩子反应过来了:"把水倒掉!")

死囚一听,马上把这碗水倒在了地上。水很快顺着石板缝流得所剩无几。要把这碗水喝完已经是不可能了。国王一愣,随即明白了死囚的心思。君无戏言,他不好再反悔,而且,他也为死囚敏捷的思维所打动,说不定国家需要什么好方法的时候他就可以派上用场呢。于是,国王决定赦免了他。

所以,孩子们,聪明的头脑常常是救命的仙草,好好锻炼自己的思维吧,那将是一件受益无穷的事情!

2. 让学生多一点自己的思考

(1)**回答问题时**。低年级学生在回答问题时,常常有"狡猾"的学生随便套用老师或其他学生的思路作答。这是一种"聪明"的做法,但却不利于创新。因此,在有学生给出特殊答案时,我都会给予大大的表扬。

一年级学生虽然没有正式学习过拟人手法,但是,课文里的拟人手法很多,可以借鉴。那天,当我们讲到课文中使用拟人手法的例子后,为了让学生领会得更加深刻,我试着让他们自己举几个例子。

学生一开始不知道怎么说。这时,我刚好看到一位学生的课桌比较脏,就示范道:"小明把桌子弄脏了,桌子哭了。"

于是,马上有人接茬:"小明把椅子弄脏了,椅子哭了!"

我说:"不错!知道把'桌子'换成'椅子'!"

于是,又有人说:"小明把黑板弄脏了,黑板哭了!"

"小明把讲台弄脏了,讲台哭了!"

……

我笑着说:"你们老是说小明把东西弄脏了,小明也会哭呀!"

一个聪明的小家伙马上说:"小刚把书包弄脏了,书包哭了!"

我说:"不错!你真聪明!知道把人名也换一换!"

这下子,小家伙的思维又发散了,"小军""小丽""小红"等一大堆名字出来了,我一一表扬了他们,可是却发现他们的思维又停在了"……弄脏了……哭了"上面。于是,我又说道:"你们再说'弄脏了……哭了',老师也会'哭了'!老师想听到新颖一点的句子,看谁最聪明,知道换一换!"

毕竟还是一年级第一学期的小家伙,他们似乎没反应过来。

我提示道:"如果我这样呢?"我做了一个抹桌子的动作。

一个小家伙反应过来了:"老师把桌子擦干净了,桌子笑了!"

"好!真棒!你最懂老师的心了!老师不是说过吗?老师最讨厌哭哭啼啼的,我们要快快乐乐地过好每一天,对不对?所以,桌子哭了,我们把它擦干净,它就会笑了!"

于是,很多东西又"笑"了一次。

看着孩子们的眼睛总停留在教室里,我又说道:"这下我要考考谁最聪明,可以不说教室里的东西?"

于是就有了"太阳公公露出了笑脸""月亮阿姨笑弯了腰""柳树跳起了舞"等精彩句子的出炉!就这样,孩子们的思维一步步走向创新,早就脱离了"桌子哭了"的影子!

(2)做练习时。在低年级学生做练习的时候,为了"因材施教",照顾某几位学生,我会在造句等题目旁边写上一个供参考的答案。但是,为了防止孩子们会偷懒,我是这样规定的:"抄写黑板上答案的,只奖励一颗认真学习的'星星'。自己想出答案的,奖励3~5颗创新学习的'星星'。"

我一点也不会为孩子们"愚公移山"而着急,因为很多孩子都希望得到那几颗创新学习的"星星",而且,常常还会有我非常煽情的鼓励。如此,他们怎么会不抛弃"盗版",劲头十足地进行"原创"呢?尤其是经常受到表扬的圆圆,更是有"语不惊人誓不休"的劲头,常常笑眯眯地说:"老师,我没有抄您的答案!"这让我很是欣慰。

(3)**作文题目缺乏新意时**。高年级学生写作文的时候,自拟题目的能力往往还欠点火候,缺乏新意。如何进行引导呢?

那一次,我要求孩子们写题为"第一次_____"的作文。我首先给孩子们读了《同步作文》上的一篇范文,范文写的是"第一次做饭"。读完以后,我问道:"你们觉得要是给它换个题目,你们会怎么换?"

孩子们沉默不语。

于是,我启发他们:"给文章取个新颖的题目,可以抓住文中的一句话来取。有一次,我给学校上传关于学雷锋'一帮一'的新闻,本来不知道该取个什么题目好,后来写到下雨天裤腿上沾了泥巴,于是我就取了'泥巴裹满裤腿,我们为了谁'这个标题。因为有一首大家都非常熟悉的歌曲《为了谁》的第一句歌词就是'泥巴裹满裤腿',老师们看了都说好。所以,大家可以看看这篇文章中的哪句话最适宜做这篇文章的题目。"

孩子们找了半天,还是没有什么发现。

我只好把那句描写炒菜放油时油在锅里噼噼啪啪作响的句子读了读,然后问他们:"生活中还有什么东西是噼噼啪啪响的呢?"

孩子们这下反应很快:"鞭炮!"

"那么,我们的文章标题可以换成什么呢?"

"炒'鞭炮'!"

大功告成!那次作文,除了"炒'鞭炮'",还有"炒'橡皮'"(将肉炒老了)"煮'黑炭'"(将菜烧煳了)"豆子的舞蹈"等好标题,这就是训练学生创新思维的结果。

一次市里征文比赛，题目是"我与爸爸妈妈有个约定"。学校很多孩子没有自拟题目，有的孩子拟的题目是"十年以后，爸爸等着我的好消息"或者"妈妈，请等着女儿的回报"之类，只有我们班一个孩子拟的标题却是"等那青山中的花儿开了"。老师们都评价说只有这个题目让他们眼前一亮。这个孩子在文中将爸爸比作青山，把自己比作青山养育的小花，"等那青山中的花儿开了"，就是"等到花儿盛开，女儿有出息的时候"的意思。多美、多有新意的题目啊！

还有一次区文明征文比赛，一个孩子写的是自己变得有礼貌了。文笔很好，就是标题不够新颖。我看了看，问她："你原来不怎么跟人打招呼，不怎么说礼貌用语，爸爸妈妈有没有批评过你？"

她说："他们有时候说我'哑巴啊？怎么不知道叫人？'"

"那你现在有礼貌了，主动叫人了，那这'哑巴'还是不是'哑巴'呢？"

"不是。"

"根据我的提示，给文章换个新标题吧。"

于是就有了后来获得区文明征文比赛特等奖的《"哑巴"痊愈记》。

又一次作文课上，写童年趣事。打草稿的时候，除了一两个孩子拟的作文标题别具新意之外，其他孩子给作文拟订的标题差不多都是"童年趣事"。于是，我一个一个地指导他们创新，最后就有了"记忆里那些欢乐的珍珠""快乐的脚印""那个调皮的娃"等颇具新意的好题目。

（4）作文缺乏素材时。 对于学生亲身经历的事情，他们往往更能有话可说，并且说得精彩。

一次作文课上，我刚说完"请坐下"，就有好几只小手举了起来。

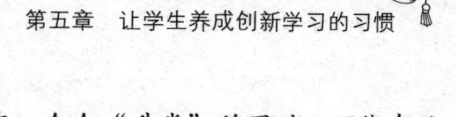

我一问，原来都是"告状"的。在一个个"升堂"的同时，可能有孩子见到我这个"黄青天"还是很"明镜高悬"的，举起的手居然越来越多了。所以，我差不多"审了一节课的案"。

终于"审"完之后，我说："平时让你们举手回答问题，举起的手常常'寥若晨星'，今天告起状来举起的手倒是那么'欣欣向荣'。让老师说什么好呢？"话题一转，我说："今天的作文干脆就写刚才发生的事，题目自拟。"

写自己亲身经历的事，孩子们果然有兴趣，那次作文的题目也新颖很多，有"'举手'之劳"，有"波波律师"，有"黄青天"……看得我是笑容满面。

3. 鼓励学生"我要我的滋味"

为了让学生有自己的个性，到了高年级，我会引导他们在生活中一点点"安装"自己的个性。

（1）装扮即时通讯工具QQ。首先，我会鼓励学生取个独特的名字，写上"个性签名"，再写篇介绍自己的独特的"说明书"。

一开始，我们班学生的昵称都是"×帅哥""×美女"或者是真名，后来我以我的昵称为例告诉他们，昵称要有自己的个性，并提醒他们取完昵称后可以到"查找"里用昵称去搜一搜，看有没有和自己一样昵称的网友，如果有甚至有很多，最好改一改。

我还告诉他们，让自己的昵称与众不同的一个有效方法就是把自己的思想融入到昵称中，像老师这样："大隐隐于市，小隐隐于林，我隐于心；千娇我不媚，众诿我不媚，小媚诗文。"我表达的意思是，大隐隐于市，小隐隐于林，我不在乎形式，在自己的心里"隐"着就行；别人千娇百媚，我只有"小小的媚"，众人争相诿媚（高官等），我只是小小地"媚"着诗文。所以，我从中取了"隐心小媚"这四个字作为自己的昵称。取完后，我搜了一下，这个昵称是独一无二的。不久，我们班QQ群里的昵称就群芳争艳、异彩纷呈了。

我还"身先士卒"地写了我的"波波宣言":

从今天起,不再做好好先生,做真实波波老师:不违心拍马,不委曲应酬;不与小人交,不为名利恼。只陪父母夫小,快乐逍遥;只与二三知己,品茶言笑。读圣贤书,赏清心乐,唱歌谣,乱舞蹈,亲自然,远电脑,偶与网友聊,志同道合方允许扰。有心育几株桃李,只为无愧;没事写两本小书,不期畅销。笑口常开,岁月静好!

学生看了后都说:"写得真好!""有点像古文!"羡慕之情油然而生,于是,很多学生都开始效仿,用文章写自己的心声。

慢慢地,学生开始有自己的个性,创新思维也会常常不断地冒出来,让我眼前一亮、心头一热。

(2)利用教学内容。那次美术"考试"(我这"万精油"老师还兼任美术课老师),我规定学生要在一节课内完成一件美术作品,这件美术作品的分数就是该学期学生的美术成绩。作品收上来后,我大吃一惊,其中两个学生用橘子做的小人最让我心动,这个可是我从来没教过他们的。

(3)利用试卷内容。一节语文课上,我带着学生一起做试卷。阅读完试卷上一篇关于云彩的文章后,有个问答题:"你觉得云彩还会有什么形状?想一想,再写下来。"我首先举了两个例子说:"云彩还会有什么形状呢?比如花朵、小狗等。"然后,我一边让学生写一边在教室里巡视,想等学生写完后就直接进入下一题。没料到,我发现很多学生并没有写我举的例子。有的写的是"云彩还有爱心的形状",有的写的是"云彩还有小树的形状",有的写的是"云彩还有星星的形状"……于是,我只好改变教学计划、放慢教学步子,先表扬了这些有创意的小家伙们。

(4)利用学校活动。上个毕业班的毕业典礼,我设计的主题是"再不疯狂我们就毕业了",然后设计了"疯狂的记忆""疯狂的创意""疯狂的

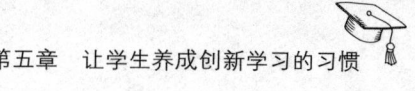

双翼"等环节。其中,"疯狂的创意"就是让学生穿上最具个性的服装进行展示。那真是一段让我疯狂的记忆啊!有的学生戴着个草帽,有的学生穿上了救生衣,还有的学生装扮得像个原始人……

(5)**捕捉精彩瞬间**。一次课间,我看到迪迪在吹泡泡,他的吹法很是与众不同。他将泡泡对着一棵小树吹,而那些"坚强"的泡泡居然没有破裂,很多都"结"到了树叶上。

看到后,我颇是惊喜,马上把这一幕用手机拍了下来,上传到 QQ 空间,并写了这样一个"说说":"树上结七彩泡泡啰!洒家的学生,就是有创意!"

下一次课上,我"浓墨重彩"地表扬了迪迪,说他非常有创新意识,可以将普通的泡泡水玩得很有新意。我还让学生看了我拍下的照片,大家都说"真美"。迪迪脸上的笑容好不灿烂!我的心里也是欢乐荡漾!

(6)**利用演讲稿**。鼓励学生保有自己的个性,也可以采用演讲的形式。

══ *演讲稿:浓绿万枝红一点,动人春色不须多* ══

有位多才多艺的女孩,一双眼睛小而有神。常有人劝她去做个双眼皮手术,把眼睛变大。每当这时,她总是把眼睛眯得更小,笑着回答道:"那样世界上岂不又少了一个小眼睛的可爱女孩?损失太大了!"

感谢这些保持着质朴本色的人,是他们的存在让我们的生活丰富多彩。如果都像韩国选美比赛那样,选到最后的美女基本分不清谁是谁,还有什么意思呢?也许敢于保持本色的你,也会像独特的奥地利城堡一样,赢来许多欣赏和羡慕的目光。

现在网络上流传着这样一句话:"我不好,但只有一个。珍惜也好,不珍惜也罢。如果哪天你把我弄丢了,我不会让你找到我。友情也好,爱情也罢,我若离去,后会无期。"

所以,我们要做自己,做独一无二的自己,不做第二个谁。王安石有句诗说:"浓绿万枝红一点,动人春色不须多。"我不要做那浓绿的万枝,我只要做那"红一点";我也不要做"多"的那一部分,我要做"少"的那一部分。

挪威大剧作家易卜生有句名言:"人的第一天职是什么?答案很简单:做自己。"诗人梅彻斯特说:"鱼儿不可能淹死在水里,鸟儿永远不会从空中坠落,火不能让金子消融只能更闪亮。上帝创造的每一种生物,都必须活在它们自己的自然中,我如何能抗拒我的天性?那是上帝赐给我独一无二的生命!"美国苹果公司创始人乔布斯说:"你的时间有限,所以不要为别人而活。不要被教条所限,不要活在别人的观念里。"

一对父子赶着一头驴赶路。

开始的时候,父亲骑着驴子。路人看见后说:"父亲骑着驴子,让儿子一个人走路,太狠心了!"

父亲听了,自己下来,让儿子骑驴子。路人看见后又说:"瞧,这个儿子自己骑着驴子,却让父亲走路,真是太不孝顺了!"

儿子听了,也从驴背上下来,两个人都不骑驴了。路人看见后说:"这两个人有驴还不骑,傻呀!"

于是,父子两人都骑到了驴背上。路人看见后又说:"这两个人都骑在驴背上,驴子怎么受得了啊?太没良心了!"

父子二人面面相觑,不知道该怎么办了?

你们看,不管他们怎么做,别人都有意见,那到底该怎么办呢?大家说,如果是你,你会怎么办?

所以,不要太在意别人说什么。但丁说得好:"走自己的路,让别人去说吧!"要是我,我会两个人轮着骑驴,如果路程太远,还可以适当地让驴子休息一阵子。如果别人要说什么,就随他们说去。

我们要勇敢地做自己,保持自己与众不同的地方,不要把自己弄丢了。不管是穿着还是喜好,都请保留自己的个性,不要"随波逐流",盲目跟随。

【附录】"创新学习之星" 评选细则

①上课回答问题时,有自己独特见解的,奖励一至五颗星。

②做作业时,有自己独特见解的,奖励一至五颗星。

③写话或写作文时,标题新颖的,奖励三颗星;内容独特的,奖励五颗星。

④作业配图造型独特的,奖励一至五颗星。

⑤在各种创新型活动中有良好表现的,除评选出一、二、三等奖外,另奖励一至五颗星。

⑥在生活中发现新的思路并向老师汇报的,奖励一至五颗星。

一定时间后,获得星星最多的前 n 名学生则为"创新学习之星"。

第六章

让学生养成多元学习的习惯

为什么要学会多元学习

培养学生良好的品德

让学生拥有健康的身体

为什么要学会多元学习

对于学生来说，生活的重心不仅仅是学习成绩，他们还需要健康、文明、礼貌、生活情趣……

一、生活需要点情趣

江老师的女儿 26 岁了，还没有找到男朋友。江老师的同事热心地充当起了红娘，把江老师当年的一个得意门生介绍给了江老师的女儿。

江老师执意让小伙子到家里来吃顿饭。小伙子走后，江老师对红娘说："他读中学的时候，我是多么欣赏他啊！他学习成绩棒，又特别听话，调皮捣蛋的事儿准找不着他。现在，你看他的背，明显地驼了，像个小老头儿；你看他的近视眼镜，足有 800 度吧，以后会影响生活质量的；你再看他说话时细声细气的样子，哪像个小伙子啊；最让我看不上的是，他那么古板，一点幽默感都没有。我女儿要是跟这样的人生活一辈子，她上哪儿去找情趣呀！"

你看，当这位老师苦心调教出来的"好孩子"将要走进他的生活，成为他的家庭一员的时候，他才恍然明白了健康、品行、性格、情趣对一个人有多么重要。而且，我还发现，很多家庭的矛盾，不在于一方从事的工作不好，而在于一方没有生活情趣。我认识一对老夫妻，丈夫勤劳、善良，也很爱自己的妻子，不管妻子的脾气如何坏，他都能容忍。可是，他的妻子却总是吵着要和他离婚，原因是"和他过了一辈子，嘴巴都'闭臭'"！意思是，丈夫不爱说话，更别说逗乐了，所以，尽管丈夫勤劳善良，也终究不能讨妻子的欢心。

有不少人，虽然物质生活充裕，却缺乏生活的乐趣，参加的娱乐活动除了麻将就是K歌，要不就是盲目跟风、走马观花一样去进行"上车睡觉，停车撒尿，下车拍照，回家睡觉，第二天一问，什么都不知道"的旅游活动。很多孩子的生活也缺乏情趣，放假后基本就被电脑、电视、手机"抓"走了。如果是这样，我真不知道孩子们学那么多知识有什么用。就如一个老奶奶说的："当你不去旅行，不去冒险，不去谈一场恋爱，不去过没试过的生活，天天挂着QQ，刷着微博，逛着淘宝，千篇一律地重复着昨天的生活，干着我80岁都能做的事情……你要青春有什么用？"

二、"德"和"体"先于"智"

在现在的教学环境中，受功利心的驱使，很多领导和老师盲目追求所谓的教育质量。之所以加上"所谓"二字，是因为他们追求的是片面的教育质量，也就是学生的考试成绩。

在我看来，教育质量不仅包括学生的考试成绩，还应该包括学生的全面发展，尤其是做人做事的能力。"高分低能"是可惜的，"高分缺德"却是恐怖的。所以，学生的"德"和"体"都是应该放在"智"前面的。

为什么将"德"排在"智"的前面？"智育不好是次品，体育不好是废品，德育不好是危险品"应该就是最好的说明了。而那些在食品中添加三聚氰胺、苏丹红等的"聪明人"所犯下的罪恶，应该也是最好的说明！

在今天这个人人信奉"今天不养生，明天养医生"的年代，很多人不会再否认健康的重要性了。没有健康身体的保证，"德"与"智"不过是浮云——诸葛亮是典型的"德"与"智"的化身，可是，因为事必躬亲、劳累过度，失去了健康的身体，终于不战而败于司马懿。可见，只有拥有健康的身体才可能"笑到最后"。

这样一来，"智育"相较"德育"和"体育"而言就显得没那么重要了。但是，在现实的教育环境中，盲目追求智育发展的行为却有愈演愈烈之势，值得警惕。

三、有不一样才有精彩

"达则兼济天下，穷则先善其身"的我，一直信奉"只要学生可爱，成绩差点又何妨"的观点。

在我刚送走的毕业班中，有这样一个孩子，即使老师们一对一地对她进行辅导，她也考不了60分。不过，在我的教育下，她也热爱劳动，也还有礼貌。

一次，我问孩子们的理想是什么。她说她的理想是当一名服务员。有些孩子听了她的话后笑了。我制止了那些发出笑声的孩子，微笑着对她说："很好啊！我相信，以后不管你在哪里当服务员，老师和同学如果到你工作的地方去，你一定会笑脸相迎、热心服务的，是吗？"

她笑了："是的！"

我又笑着问："要是以后我们班同学聚会，你愿不愿意早点到场给大家服务呢？"

"愿意！"

大家开始鼓掌，我笑了："怎么样？我们班有个好的服务员是不是也挺好？"

"是！"

"那么，虽然离我们聚会的日子还远，但是，让我们现在就把掌声献给这位愿意为我们服务的未来服务员，好不好？"

"好！"

跟同事闲聊，当他们埋怨起那些"怎么也学不会"的学生时，我也会这样对他们说："这样挺好啊！这样才维护了学校和社会的生态平衡！"

他们一下子不能接受，我说："难道不是这样吗？如果学生个个都是学习尖子，将来长大后个个坐办公室，那么，谁去种花种草种田种菜？谁去工厂做工？大家都不做，我们吃什么，穿什么，用什么？如果个个作文都写得好，都当作家，那世界上的树木都只能被砍掉印书了，那岂不是太不环保了？所以，世界上，总还是既要有吟诗作赋的，也得有种田织布的；既要有规划蓝图的，也得有脚踏实地的——虽然算盘珠子拨一下动一下似乎不好，可是如果真的算盘珠子拨一下却不停乱动，那就是个烂算盘了！"

可见，我们的生活不止是学习文化知识，还需要五彩斑斓的幸福——我们要有好的品德，以利于我们与人交往；我们要有好的身体，以利于我们快快乐乐地享受人生。

培养学生良好的品德

印第安人射的箭，大多都是自己制造的。箭杆的长短与材料、羽毛的轻重、羽毛离箭头的位置、箭头的重量与材料等，都大有讲究。一次，一位牧师问一位有经验的印第安射手的造箭心得。这位射手说，其实只要把箭杆削直了，别的方面马虎一点也没有关系。可如果箭杆不直，其他方面做得再完美无缺，也很难一矢中的。

同样，对孩子的培养，最重要的是要注重培养他的品德。教他做一个正直的人，远胜于把他培养成天才。教育实践家冯恩洪曾经说过："我们的教育要教会孩子什么？学会做人比学会做学问更重要，要引导孩子先学会做人，然后是做学问。"

一、明辨是非的习惯

小学特别是低年级的学生正处于是非观形成的关键时期，教师有必要帮助他们明确什么是对的什么是错的，以帮助他们形成正确的人生观。

一年级上学期开学不久，有学生来向我报告说迪迪和圆圆吵了起来。我马上过去问明情况。原来是下课的时候迪迪挡在教室门口不让圆圆进去，而圆圆偏要进去，于是，圆圆就用手中的书在迪迪头上打了一下。之后，两个人就争执起来。

我对迪迪说："这件事情，两个人都有错，你不该挡在教室门口不让别人进去，圆圆也不该打你。但是，是你错在先，你先向圆圆道歉，然后圆圆再向你道歉。"

迪迪马上嚷起来："我不道歉，她打了我，应该是她向我道歉！"

我说："她是要道歉，但是，你必须先道歉。谁先错谁先道歉！"

迪迪保持着他那标准的叛逆姿势——昂着头，斜着眼，歪着嘴，嘴里还发出"嗯—嗯—"的声音。

我的声音也高起来。对待他，我必须理直气壮："你不该挡在教室门口，你凭什么挡在教室门口不让别人进去，你先道歉！"

他还不服气："她可以走另一个门啊！"

"教室又不是你的，她是这个教室里的学生，她凭什么不能进，凭什么要走另一个门?！她有资格进这个门，你不让她进，就是你霸道，这在哪里都是行不通的！"

"我就是不让她进！"

"你不让她进，就是你没有道理，没道理的人就要先道歉，做人必须讲道理！"

"我就是不道歉！"

我展开"利诱"："如果你不先道歉，我就不管你们的事了！她打了你就是打了你！我不会让她向你道歉，更不会让她用劳动来补偿对你的伤害！"

看他犹豫不决，我又开始限时攻势："给你两分钟，你自己想清楚，道歉还是不道歉?!"

……

这天,迪迪第一次学会了道歉。

又一次,迪迪和圆圆吵了起来,事情大概是这样的:伊伊在自己的座位上玩什么有趣的东西。圆圆把手放在伊伊的课桌上,迪迪也想把手放在伊伊的课桌上,就把圆圆的手推开了。圆圆也不退让,就打了迪迪一下。于是双方吵闹起来。

当我让学生把他俩带到我面前的时候,两个小家伙还如斗架的公鸡般张牙舞爪、高声吵闹。我一问,两个小家伙各自"理直气壮",说个不停。

面对两个互不相让、同样被惯坏的小家伙,我选择了各个击破。

"圆圆,你有道理一些,你先在旁边等着,不准说话!"

被我肯定有道理后,圆圆乖乖地不说话了。

迪迪不乐意了。我首先安抚他的情绪:"迪迪,同学叫你到老师这儿来处理问题的时候,你能够先来,这很不错。"

得到肯定后,小家伙"张开的翅膀"略略收拢了。

"但是,在今天这个问题上,你错在先。圆圆把手放在伊伊的课桌上,那是她的自由,不关你的事。即使不让她放,那也是伊伊的事。你去推开她,就是你的不对了!"

"为什么不行呢?我就是不准她放啊!"

"因为那是伊伊的课桌,不是你的。如果是你的课桌,你可以不准她放。而且,即使你不准她把手放在你的课桌上,你也可以选择有礼貌地请她不要放呀!"

"我就是不准她放啊!"这个习惯了霸道的小家伙,老毛病终究不是一天两天可以改得了的。

他的思想认识改变不过来,教育工作就很难做下去。刚好他的妈妈就在学校附近工作,我顺便把她请到了学校。迪迪妈妈听完整件事情的经过以后,也说:"你是没有资格不准她把手放在别人的课桌上啊!那又不是你的课桌!"

听到妈妈也这么说,迪迪这才认识到自己那样做是不对的。

我说:"是吧?妈妈也说你这样做是不对的。迪迪是最聪明的孩子,应该知道做错了事情该怎么做,对不对?"

于是,他终于去向圆圆道歉了。

然后,我又对圆圆说:"圆圆,老师说过,当别人对你做了不好的事情之后,你应该怎么做呀?"

"应该告诉老师或值日生。"

"那你为什么不告诉老师或值日生,而是直接打他呢?我早就对你们说过,不能以私自打人的方式来处理问题。一个人偷了别人的东西,别人也不能直接打小偷,而只能交由派出所处理。他把你推开是他不对,那你呢?他推你一下你就打他,对不对呢?"

"不对!"

"所以,他有不对,你也有不对!他已经向你道歉了,你知道该怎么做吗?"

"知道。"

"那就去做吧!"

于是,这件事情终于结束了。

在这个案例中,迪迪根本不知道什么是对的,什么是错的,老师告诉他那样做是错的,他还不信,还要靠父母的确认才相信那样做是错的。由此可以看出,孩子的表现与家庭教育有很大的关系。在这个孩子的潜意识里,是相信父母的话而不太相信老师的话。这样的情况比较少见。我想这肯定和我有一次曾听到迪迪与同学聊天时说的那句"爸爸妈妈说'老师都

是骗子!'"有关,所以我才会邀请迪迪的妈妈参与到教育孩子的过程中来。至于与迪迪的父母交流教育理念的问题,属于题外话,不再详述。

不管怎么样,让学生从小就明辨是非,知道什么是对的什么是错的,什么该做什么不该做,是让学生走上正确人生道路的必修功课。

二、尊敬长辈的习惯

现在,每个家庭的孩子越来越少,生活水平越来越高,很多家长都把孩子当成了"小皇帝",不敢"抗旨",不敢"忤逆",甚至不敢"进谏"。如此一来,"小皇帝"从来不懂得尊敬父母为何物,因为父母只是他任意吆来喝去的仆人而已。有些家长可能还会教育孩子要尊敬爷爷奶奶、外公外婆,但是,有些爷爷奶奶、外公外婆对孩子的溺爱更胜一筹……甚至邻居的长辈,也以逗孩子取乐。在逗弄孩子的过程中,难免就失了尊严。而一个不懂得尊敬自己长辈的人,当然更难去尊敬别人的长辈,也就成了一个"没大没小"的人。

以前,孩子们也许还会对老师有几分畏惧,可现在,那些美好的时代已经一去不复返。有些不尊敬长辈的孩子,到学校后自然也不懂得尊敬老师,甚至有的小家伙对待老师也像对待自己的父母一样,用命令的口吻说话。

所以,开学初,我一般会对学生进行"尊敬老师,尊敬长辈"的教育。不过,单靠这点还远远不够,关键还要注重平时的教育和指导。

一年级下学期的一次数学早自习课上,我正在准备趁这个空闲做点什么,忽然听到数学老师和迪迪大声说话的声音。我心里一惊:难道迪迪老毛病又犯了?他这一阵子不是一直表现得挺好的吗?

我赶紧跑向办公室,数学老师和学校保安正带着迪迪往办公室走,小家伙正横眉怒目地挥着拳头要打保安。我走过去后,迪迪的拳头放了下来。

我问明了情况。原来,数学老师讲课时他总是不听,还转过身找后面的同学玩,害得坐在他后面的学生也无法听课。数学老师让他站到教室后面去,他不仅不听,还挥起拳头打了老师。老师控制住他的双手,他就又大嚷着不读书了。学校保安闻讯赶来,他又打起了保安(老师也不能一直控制着他的双手,毕竟老师的力气比较大,迪迪又不停挣扎,很容易伤到他)。

对于这样一种情况,我认为需要和他的家长一起教育他。于是,我给迪迪的妈妈打了电话,说明了刚才的情况。迪迪的妈妈听完后,第一句话就是:"你让他到教室里去上课吧。"只字不提孩子打了老师和保安应该道歉的话。我估计在电话里很难解决这个问题,于是把她请到了学校。

到学校后,她做的第一件事就是把孩子带到教室,让他写字。她忙不迭地给孩子拿本拿笔。结果,当她拿完笔把文具盒的里层放进去的时候,迪迪大声吼道:"不是这样放的!会拿不出来的!"她继续放,迪迪继续大喊,而她似乎习以为常。我算是明白了迪迪不尊敬老师的原因了,原来他连妈妈也不尊敬,在他心里,压根就没有尊敬长辈的观念。

后来,我让迪迪去向数学老师和保安道歉,他不去。我说:"你打老师、打保安是不对的,做错了事情就必须道歉。"

他居然说:"为什么打不得呢?我就是要打!"瞧瞧,这小家伙的脑袋里根本就没有"尊敬长辈"的观念。

我问他:"迪迪,等你长大后,做了爸爸,会不会疼自己的孩子啊?"
"会。"
"那么,要是你辛辛苦苦赚钱供你的孩子吃饭、穿衣、读书,但是,你的孩子还天天打你,你觉得要得吗?"
"要不得!"
"他这样做,你会不会很难过?"
"会。"
"是啊。你看你妈妈辛辛苦苦供你上学,上班的时候还因为你不听话被老师请到了学校,又没面子又着急,帮你拿铅笔,你还要凶她,她得多难过啊！"

他没有说话，只是那高昂的下巴终于低了一些。

"那你说说你平时在家里对爸爸妈妈凶，有时候还打爸爸妈妈，对不对呢？"

"不对。"

"要是你长大了以后当老师，你是希望你的学生打你呢，还是希望你的学生尊敬你呢？"

"希望我的学生尊敬我。"

"还有，要是将来你长大了，走在街上，对面走过来一个小孩子，你是希望他拿着棍子打你一下呢，还是希望他很有礼貌地叫你呢？"

"希望他有礼貌地叫我。"

"每天到学校，你是希望同学看到你微笑着和你打招呼呢，还是希望同学一见到你就甩你一巴掌呢？"

"希望同学微笑着和我打招呼。"

"你很聪明！就是这样的啊！每个人都希望别人有礼貌地和自己相处，每个人都希望得到别人的尊重。数学老师和保安伯伯也是！知道了吗？"

"知道了！"

"嗯，真棒！那这样吧！"考虑到小家伙调整心理可能需要一定的时间，我说，"你在放学之前去向数学老师和保安伯伯道歉，并保证下次再也不打他们了，好不好？"

毕竟是积习难改，他迟疑了一会儿才说："好！"

"那我们来拉勾！"

也许是以前的老师没有这样对他表示过友好，他伸出手时，居然羞涩地笑了。

放学后，我去问了两位"当事人"，小家伙果然去道歉了。

案例中的迪迪不仅不尊重老师，也不尊重家长。在他的意识里，根本没有尊敬长辈的观念存在。通过观察他与母亲的交往，我们也可以发现，家长对于孩子缺乏尊敬长辈的观念也没有足够重视，导致孩子根本不知道什么是尊敬长辈。所以，我采用了换位思考的方式，希望小家伙能明白为什么要尊敬长辈。但一次的教育效果毕竟是有限的，在以后的学校生活中，小家伙还是状况不断，而我就一次次充当起"灭火员"的角色，不断地变换方式指导他，告诉他何为尊敬，为什么要尊敬长辈。效果还是不错的。

三、富有爱心的习惯

现在的学生大多是独生子女，生活中的唯我独尊导致他们往往以自我为中心，缺乏关心他人的能力。因此，教师有必要培养学生从小养成富有爱心的习惯。

一次，兄弟学校的一名学生因交通事故全家受伤住进了医院，需要八十多万的医药费，为此，我们学校组织了捐款活动。

把捐款活动布置下去的第二天早上，孩子们开始积极捐款。有捐20元的，有捐10元的，还有不少捐5元的。正当我表扬已捐款的孩子时，伊伊说话了："我妈妈说不让我捐，她说老师是骗钱的。"

"哦！"我有点恼怒，家长怎么能这样教育孩子！不过，孩子是无辜的，我心平气和地说："这样吧！你告诉你妈妈，她可以直接把钱捐到那位哥哥的手里，我可以告诉你妈妈怎么找到那位哥哥！"

伊伊是位平时表现很好的孩子，得的奖状也不少，我知道奖状对她是有吸引力的。反正学校会给特别有爱心的孩子发奖状，于是，我决定提早表彰表现好的孩子。这天下午，我就在教室里先给那些献了爱心的孩子发了奖状，并且大大表扬了他们，说他们是学校最棒的。因为之前学校里一年级的捐款数总是最少的，但这一次，一年级的捐款金额暂时比高年级的哥哥姐姐还多。"而且，你们小小年纪，就懂得关心他人，关心需要帮助的人。凡是能够主动关心需要帮助的人的，都是强者！都非常了不起！"

不出我所料，第三天早上，伊伊捐了10元。

有时候，教育学生，旁敲侧击比直接进攻效果要好。学生看到其他人的行为得到肯定、表扬后，自然就会效仿。所以，我们只要做好评价者，就会有不少学生跟着你走上正途。

一次，凯凯身体不适呕吐了。第一次出现这样的情况，大多数孩子都选择避开或表现出恶心的样子。

我走到凯凯身边，问："请问谁有纸巾？"涵涵说："我有！"并且把纸巾递了过来。我说："涵涵真棒！当同学需要关心的时候，马上去关心同学，等一下我要给她奖一个'太阳'，因为她像太阳一样温暖着别人。"

小孩子其实都很聪明，我这话一出口，孩子们马上变得热情了，有的递纸巾，有的帮凯凯擦桌子上的秽物，有的帮凯凯擦衣服上的污渍，有的去食堂取煤灰（当然是在我的指导下），有的赶紧扫地，有的倒垃圾……一会儿，教室里又恢复了正常。不仅如此，他们还争先恐后地抢着干。

事后，我又大张旗鼓地表扬了他们，并给他们一人奖了一个"太阳"。

此后，那情景就让我很惬意了：有孩子流鼻血了，不用我喊，就有人主动拿来纸巾帮他擦干净；有孩子发烧了，一个孩子赶紧到办公室向我报告；有孩子玩耍时受伤了，总有人主动带他到我这儿擦药……那天，一个孩子被其他玩耍的孩子撞倒了，伊伊居然把她背到了教室的座位上！

不仅如此，他们还学会了关心老师：

一天，萌萌用"总是"造句："波波老师总是忙这忙那。"这让我心头一暖，我说："萌萌真是一个懂得关心他人的孩子，她居然发现波波老师总是忙这忙那，难怪她那么听话，从不给老师添麻烦。因为她知道，老师已经很忙了，不要再给老师添麻烦了。老师感到很高兴。这次，老师不仅要奖励她有效学习的'星星',还要奖励她一个关心他人的'太阳'。"

从那以后,当我一宣布下课,就有很多孩子对我说:"波波老师辛苦了!"有时候,当我在批改作业、备课时,也有小家伙跑到我身边说:"波波老师辛苦了!"我都会笑着回答:"谢谢!"或者说:"谢谢你关心老师,老师很高兴!"

一次,在我说"谢谢"的时候,"小黑子"回了句"不用谢",我又在班上大大表扬了他。于是,很多孩子也学会了说"不用谢"。

又一次,我在教室里没找到插座,就自言自语地说:"插座呢?""小黑子"眼尖:"老师,在那儿!"我一边拿插座一边自嘲地说:"到底是你们眼睛好,老师老了,眼睛不行了!"萌萌说了句:"老师,您别这么说!"我心里一热,知道她的意思是让我不要说自己老。教着这样的小家伙,虽然累,但是快乐着!

还有一次,因为实在太忙,到了每个星期固定发奖状的时候却没时间发奖状了。于是,我向孩子们道歉:"老师这两个星期实在太忙了,学校的打印机又出了点问题,所以,你们这两个星期的奖状老师还没来得及印出来,对不起!"这时,妍妍说:"老师,我们不怪您!"——这可爱的小家伙!你差点把老师弄哭了!

另外一次,我正在忙着,晓晓站在我旁边看了一会儿后说道:"老师,我可以帮你吗?"而且,每次当我在忙的时候,比如更换学校宣传栏的照片等,总有一大帮"小秘书"站在我旁边,有的帮我拿透明胶,有的帮我剪透明胶,有的帮我拿着换下来的资料,有的帮我拿着将要换上去的资料……这些时候,我总是深深感受到教书育人的快乐!

四、热爱劳动的习惯

高尔基说:"我们世界上最美好的东西,都是由劳动、由人的聪明的手创造出来的。"所以，我们还要培养学生热爱劳动的习惯。在学校，主要的劳动任务就是打扫卫生，包括班级的卫生和公共区的卫生。

1. 保持卫生的习惯

刚接手一年级的时候，教室的卫生状况实在成问题，到处是垃圾，座位过不了多久就会东歪西扭……于是，我任命了一个感觉还算有领导能力的孩子管理班级卫生。可孩子毕竟是孩子，刚当上"领导"的那节课管得还可以，可下一节课就自顾玩去了。我提醒了她一次，保持了一节课，而下节课又忘了。这样可不行！

一个早自习，走进教室的时候，我看到垃圾桶满了。于是，我问孩子们："教室的垃圾桶满了，怎么办呢？"有的孩子回答："要去倒掉！"我说："谁去倒呢？"有的孩子说："班长！"有的孩子说："我！"而一个孩子已经起身去提垃圾桶了。我说："萌萌的回答才是最棒的！"等萌萌倒完垃圾进来后，我说："让我们把掌声献给这位最聪明、最自觉的同学！"并带头鼓起掌来。孩子们马上鼓掌说："棒棒棒，你真棒！向你学习！"

我接着说："为什么老师说萌萌是最聪明的呢？因为当老师问谁去倒垃圾的时候，萌萌明白，老师不是为了想知道应该谁去倒垃圾，而是想看看到底谁会去倒垃圾。可是有的同学没有懂得这一点，所以说，她是最聪明的。大家记住了，聪明的人不需要别人明说，就知道该做什么事情。不过，我相信，经过这一次以后，我们班会有更多聪明的人，当老师说'垃圾桶满了'的时候，就知道该去倒垃圾了。当然，最聪明的同学，就是当他看见垃圾桶满了的时候，不用别人说就知道该去倒垃圾的人！我想知道，我们班哪些同学是最聪明的孩子。"

孩子们开始大喊："我！我！我！"

我微笑着说："不错，大家都想成为最聪明的孩子，这是好事！但是，垃圾桶会不会因为大家知道该去倒垃圾了而自动倒掉呢？"

"不会！"

"不会！同学们真聪明！所以，我们只知道该去倒垃圾了还不行，还得像萌萌一样主动去倒垃圾，自觉去倒垃圾，不用别人喊，这样才是最聪明、最自觉的孩子。自觉是什么意思？就是不用别人喊自己主动去做，不像算盘珠子一样拨一下动一下。就比如洗衣服，你们是喜欢自己用手洗衣服呢，还是喜欢用全自动洗衣机洗衣服呢？"

"喜欢用全自动洗衣机洗衣服！"

"为什么呢？"

一个表达能力强一点的孩子说："因为只要打开全自动洗衣机，就会自动洗衣服，到时候只要去晒衣服就可以了。"

"是啊！自己用手洗衣服，又要放水、加洗衣粉，还要搓呀、拧呀、倒水呀……一次两次，好麻烦。而且，冬天的时候，手还被洗得冰凉冰凉的，多麻烦呀！而全自动洗衣机，只要打开，放入洗涤剂，就不用你管了，到时间把衣服取出来晾好就可以！你们喜不喜欢全自动洗衣机呢？"

"喜欢！"

"老师也喜欢，老师还喜欢像全自动洗衣机一样又聪明又自觉的孩子——不用老师喊就主动把事情做好，这样的孩子真可爱！所以，我要给萌萌在'自觉学习之星'记录表里奖五颗星！萌萌，老师非常喜欢你！"

被我这样大张旗鼓地一"折腾"，孩子们知道了自觉做事就是个聪明人。

第二天，当我走进教室的时候，垃圾桶已经空空如也了。我正要问是谁倒了垃圾，涵涵走过来说："老师，我去倒了垃圾！"我非常高兴地隆重表扬了她，又在全班同学面前表扬了她，并且也给她奖了五颗星！

如此，每次学生为班里劳动后，我都会奖励他们几颗星星。于是，慢慢地，总有学生来向我汇报：

"老师,刚才我去倒了垃圾!"

"老师,刚才我擦了黑板!"

"老师,刚才我捡起了地上的垃圾!"

"老师,刚才我和××一起扫了地!"

"老师,我和××一起整理了讲台!"

……

你看,从倒垃圾到擦黑板、扫地、整理讲台,教室的卫生慢慢就有人主动去做了。这不是很让人惬意吗?

2. 打扫卫生的习惯

刚开始让孩子们扫地的时候,考虑到小家伙还比较小,我就没有采取我原来任教高年级时采用的"一人扫一次"的策略,而是由几个人一起打扫教室。

可是,问题来了,几乎没有一次是扫得干净的。因为"大锅饭"总是让孩子们产生依赖心理,谁都没有责任心,而我还不知道该批评谁。所以,我干脆也采取了"一个人打扫教室"的方案,并且美其名曰"考劳动"。

具体做法是,每次一个学生打扫教室卫生,根据一定的方式轮流,打扫完后由老师或老师指定的"小老师"评分。评价标准是,地板干净程度占30分,座位摆放整齐程度占20分,整理讲台占20分,黑板干净与否占10分,扫把摆放整齐和垃圾是否倒掉占20分。

原来总是扫不干净的教室终于变得干净了,很多孩子的劳动都是打100分的。然后,五一劳动节的时候,可以评出几个表现最棒的孩子为"劳动之星"。

这样一来,我们班的卫生总算慢慢走上了正轨。

五、正确"告状"的习惯

教学低年级,常常会遇到一大堆孩子来"告状"的情况——一大堆人跑到办公室门口，然后你一句我一句，吵得不得了，可老师半天还弄不明白到底出了什么事。有的小家伙因为鸡毛蒜皮的小事也来"告状"。鉴于此，我在班上是这样规定的：

（1）学会分清大事和小事、紧急的事和不紧急的事。别人拿你的东西；别人不小心撞了你一下，你没有受伤；谁说了你的坏话；谁说了老师的坏话；谁在玩游戏时捣乱……这些都是小事，也是不紧急的事。而同学生病了；同学摔伤了；同学玩危险游戏了……这些是大事，也是紧急的事。

（2）很小的小事学会自己处理。不要一遇到事情就跑去办公室告诉老师，我们要从小学着不要把太小的事情拿来汇报。谁把你的本子撞到地上了——他不捡，你捡起来就是了；谁把垃圾扔地上了，你可以劝他捡起来。而且，我们要学会宽容，学着自己解决问题。你可以笑眯眯地劝他不要这样做；劝不了的，你可以义正言辞地告诉他，跟他讲道理，甚至警告他："再不停止就告诉老师！"如果这些方法都试过了，别人还是坚持骚扰你，你可以告诉老师。告诉老师时，又分两种情况：紧急的情况，马上汇报；不紧急的事情，可以等老师到教室后再汇报，不要到办公室去找老师，尽量不要到处跑着找老师去"告状"，更不能追到厕所去找老师。老师还有很多其他的事情要做，不能一天到晚专门处理你们的这些小事，可以等老师在教室时一起处理。

（3）紧急情况，赶紧找老师。比如，有同学生病了、受伤了，或者有同学玩危险游戏了，要马上去告诉老师；如果实在没找到班主任老师，遇到其他老师也可以说，其他老师也会来处理的。而且"告状"的时候，要记住把事情弄清楚、说清楚，不能说了半天听的人还不知所云。

宣布完上述规定以后，再有孩子来找我，我总会先问上一句："是紧急的事情吗？"有的孩子会考虑一下就自己走了，真有紧急事情的才会说。这样，我也省事多了。

六、诚实的习惯

培养学生诚实的习惯，不仅需要教师制定相应的规章制度，还需要教师具备"火眼金睛"。

1. "坦白从宽，抗拒从严"

为了培养学生诚实的习惯，在我们班，实施"坦白从宽，抗拒从严"的规定。不管学生犯多大的错，只要他勇于承认错误，我一般不会重罚他。不仅如此，我还会表扬他能够勇敢地承认自己的错误，奖励他的诚实——小错误可以因为他的诚实将功补过免于处罚，大错误可以因为他的诚实减轻处罚。

所以，经常会看到这样的情景："刚才做了什么事情的，站到教室后面去！"然后，就有一些孩子自觉地站到教室后面"听候发落"。开始几次，偶尔还有几个孩子需要别人"检举"才去，但到了后来，他们就完全不用"检举"而自觉地站到教室后面去了。

再后来，当我只是在说我们班上有某种不良现象时，就有孩子主动站起来说："老师，我做了……"我会微笑着对他说："诚实的孩子真棒！老师只是提醒你们不要那样做，以后注意就行了，这次老师不批评你们。"

2. "火眼金睛"

人的觉悟水平毕竟有高低。面对那些不自觉的孩子，我们就需要具有"火眼金睛"，让孩子的谎言无处遁形。

一次自习课上，我要求学生抄写古诗。检查的时候，我发现一个学生拿着以前在课堂上抄写过的相同内容给我看。我看了一眼后对他说："这是在课堂上抄写过的，不是你回家后写的作业！"他一下子懵了，问我："老师，同样的内容，您怎么知道的？"

我没回答，而是转过身面对全班学生说："同学们以后千万不要学他的样子，拿着写过的作业来冒充，老师可是一下子就能看出来的。告诉你们，老师教了这么多年书,对于你们的一些小'阴谋诡计',早就非常熟悉了,所以,最好不要在我面前搞鬼!"

几个学生还是很好奇:"老师,您是根据什么知道的呢?"我笑着说:"这也是有学问的,需要学很多知识,还要培养敏锐的观察能力。大家好好学习的话,以后也可以和我一样有双'火眼金睛'!"

其实,这不过是从字迹的干湿程度来判断的,当然也要归功于平日学生写字时我认真的巡视,对于学生将作业写在了作业本的什么位置,我无意中都记到脑海里了。还有就是靠察言观色,一个孩子有没有撒谎,是很容易看出来的。但是,如果把这些"秘密"告诉小家伙们,他们也许就会琢磨着怎么去破解,因此,还是"天机不可泄露"好了。

一次,有个孩子说肚子痛。我给她吃了药,让她休息一下,如果再不舒服,我就准备打电话让家长带她去看病。过了一会儿,她还是肚子痛,我就给她的家长打了电话。

这位家长还没来的时候,我听到另一个孩子在问平平:"你怎么不写字呀?"我一看,那个孩子的脸色有点难看,就问他是不是不舒服。他说肚子痛。我问他要不要吃点药,他说在家里已经吃过了。我说:"那你休息一下。如果还是很不舒服,就让老师打电话给你爸爸妈妈,让他们接你回去。"

没过多长时间,两个小朋友都被家长接回去了。大家接着做题,忽然,洋洋对我说:"老师,我肚子痛!"我一看她的样子,果断地说:"你的肚子痛是假装的,老师知道。老师看得出谁是真肚子痛谁是假肚子痛。"小家伙不说话了,继续做题。其他孩子很是好奇,我就顺便把我那套"广告词"拿出来又说了一遍,让他们没事别在我面前撒谎,那是自讨没趣。

通过"坦白从宽,抗拒从严"和我的"火眼金睛",很多孩子都越来越诚实了。教着一群诚实的孩子,真是一种享受!

七、"逗得起"的习惯

大人常常喜欢逗孩子，被人逗而不生气的孩子则被称为"逗得起"。

一次，在课堂上，我不记得因为什么事情逗了孩子们一下，有个孩子还笑眯眯的。于是，我就顺便对他们进行了"逗得起"的教育。我的主要教育目标其实是迪迪，因为他妈妈说邻居经常把他逗到哭鼻子，所以他才养成了不好的性格。

"大人喜欢逗小朋友，那是对小朋友的一种爱，也是一种测试。一般大人见到可爱的小朋友才会去逗，所以那是一种爱。但是，看上去可爱的小朋友是不是真的可爱呢？逗一逗他就知道了。如果大人逗一个小朋友，小朋友不生气，那么这个小朋友就'逗得起'，大人就会继续去逗他。如果一个大人经常去逗你，说明他信任你，相信你是一个真正可爱的'逗得起'的小朋友。如果你'逗不起'，大人可能躲你还来不及呢。"

"有一次，我看到我们邻居家的孩子在路上跑，就拦在他前面想逗他一下。结果他使劲咬了我的手一口后就走了，我的手都被他咬出血了。这样的小孩，要是你们，以后还会去逗他吗？当然不会！从那以后，我再不去逗他。我还看到过一个小孩，如果别人逗他，他就吐痰到别人身上，还骂人、打人……对于这种'逗不起'的小孩，除了他的亲戚朋友，别的人可能很难去爱他们。而有些'逗得起'的小孩，别人知道他'逗得起'，就会常常去逗他。大人逗小孩其实也是一种教育，这样，小孩就慢慢学会了和人交往，说不定还可以顺便学到很多知识呢！"

后来，有一次，有人送鱼到学校厨房。我正在拿的时候，一个小家伙在旁边叫我，我就逗她："吃鱼不？"她说："吃呀吃呀！"还做出把嘴巴凑过来的样子。我看了后说："好可爱呀！"她说："波波老师说过，喜欢'逗得起'的小朋友。"我说："是呀！所以，我很喜欢你！你真可爱！"小家伙高兴地走了。

有个一年级的小朋友,脸上有两个漂亮的小酒窝。一次,我逗他说:"小虎,来,老师看看,你脸上怎么有两个小洞啊?"他笑着说:"本来就有!"我说:"哦,是你妈妈弄的?你妈妈真狠心,把你生下来还在你脸上弄两个小洞。"他笑着说:"这是酒窝呢!""酒窝?那里面怎么没有酒呢?"……这样一逗,和孩子的心理距离近了,而且孩子的口语交际能力和心理素质也提高了。

因为经常逗他们,我慢慢和孩子们建立了一种类似于亲人的关系,不管我怎么逗他们,他们都不会生气。这种境界,让人很是舒服。

小朋友吃冰棍,我会说:"借给我闻一下,好不?""把冰棒棍子留给我舔一下,好不?""你又要玩游戏又要吃东西,好忙啊!我帮你吃东西,好不?"

小朋友穿着漂亮衣服,我会说:"真漂亮!借给我穿一下好不?"

小朋友拿着新文具或新玩具,我会说:"好漂亮,我回去也要我爸爸帮我买一个!哼!不!买十个!不,买一百个!"

小朋友看课外书,我会说:"我要看!我要看!"然后"抢"过来倒拿着看,还煞有其事地说:"不得了啦!这里出车祸啦,翻了那么多汽车!""咦!好奇怪啊!这个人怎么只有一只耳朵、一只眼睛啊!谁把他的眼睛挖掉了?"(其实那是个侧面像)

……

而这时候,孩子们往往哈哈大笑。这样的境界,挺好!我相信,这些被我逗过的孩子,将来的社会交往能力一定也不会差!

八、孝顺的习惯

"百善孝为先",我特别注重培养孩子孝顺的习惯。

◆ 学习《夏夜真美》的时候,讲到睡莲姑姑叫小蚂蚁留下来过夜,小

蚂蚁说那样爸爸妈妈会担心的。我就告诉孩子们:"小蚂蚁多么孝顺啊!知道自己晚上不回家,爸爸妈妈会担心的。我们要向小蚂蚁学习,放学后早早回家,不要在外面逗留,免得爸爸妈妈担心,还要注意不做危险游戏,免得爸爸妈妈担心。"

◆ 学习《胖乎乎的小手》的时候,我对孩子们说:"兰兰多孝顺啊!她的胖乎乎的小手,替爸爸拿过拖鞋,给妈妈洗过手绢,帮奶奶挠过痒痒。你们以后也要学着用你们的小手帮爸爸妈妈、爷爷奶奶做事情!比如,用你胖乎乎的小手帮爸爸捶捶背,帮妈妈按按摩,帮奶奶端端茶,帮爷爷拿拿报纸……"

◆ 学习《棉鞋里的阳光》的时候,我说:"小峰多孝顺啊!知道在奶奶睡觉的时候帮奶奶把棉鞋晒暖和,而且还是轻轻地去晒,生怕吵醒了奶奶。小朋友们,你们也是这样做的吗?"

◆ 学习《看电视》的时候,我说:"这个小孩多孝顺啊!看电视的时候陪着奶奶看京剧,陪着妈妈听音乐、看舞蹈。你们呢?只顾自己看动画片。只看自己喜欢的电视的同学,请举手!"不少小手都举了起来。"你们很诚实!那这样做对不对?""不对!""那以后该怎么做?""看爸爸妈妈、爷爷奶奶喜欢看的电视。"我笑了:"你们真乖!但是,也不是让你们一直看爸爸妈妈、爷爷奶奶喜欢看的电视,而是和他们一起看电视的时候,要看爸爸妈妈、爷爷奶奶喜欢看的电视。如果自己一个人看电视,当然可以看自己喜欢的电视。知道了吗?"

◆ 当有些孩子不认真学习的时候,我还会说:"你看,爸爸妈妈辛辛苦苦供你上学,每天把你伺候得好好的让你读书,给你买很多学习用品,你不认真读书对得起他们吗?"

功夫不负有心人!那天,我们去韶山和花明楼参观,在孩子们购买纪念品的时候,我居然听到有孩子说:"这个是我给妈妈买的礼物!""这个是买给我奶奶的!""这个是送给我爸爸的!"……我当时非常惊喜,就让那些孩子拿着给长辈买的礼物留影,并把他们的照片传到了学校的网站上。而且,还给小家伙们颁发了"孝顺之星"奖状!

九、解决问题的习惯

总有一些孩子遇到问题一个劲地哭,不知道想办法去解决;还有很多孩子有点小伤小痛就哇哇哭起来。这是他们在家里养成的"陋习",于是,我就有意地培养他们不哭不闹解决问题的习惯。

我在班上宣布:"以后遇到什么事情,不准哭。谁哭着来找老师,又不说是什么事,我一概不理——我不知道发生了什么事情,怎么处理呢?谁要是不哭,直接告诉我发生了什么事,我不仅会帮他处理问题,还会表扬他坚强,奖励他五颗快乐学习的'星星'。"

这天一大早,我听到一个孩子在教室里哭,走过去问明原因。原来他忘记带作业了。我说:"哭不是能耐。解决问题有两个办法:第一,你跟老师说,明天把作业带来;第二,反正现在时间还早,你可以把作业再做一遍。"小家伙不哭了,开始重新写作业。

这天做眼保健操的时候,我在教室门外批改试卷,听到迪迪在座位上哭鼻子。因为我已经说过哭不能解决问题,就故意没理他。其他孩子告诉我:"老师,迪迪哭了!"我说:"只知道哭,不知道说出问题的学生,我懒得理!"一分钟不到,我听到迪迪的哭声停止了。有事情好好说就是了,哭有什么用呢?

上课的时候,迪迪举手告诉我发生了什么事。我说:"这就对了!你不停地哭,老师也听不懂;说出来,老师就知道了,就会帮你解决问题呀!"

让学生拥有健康的身体

教师最骄傲的事莫过于"桃李满天下",可是,想必谁都希望自己的"桃李"枝繁叶茂果儿多,不希望自己的"桃李"枝折花落、虫儿满身、果儿凋落吧!

我们先来看看,现在很多的"桃李"都什么样:

2011年底,《人民日报》以"'小胖墩'为何这么多""'小眼镜'扎堆让人忧""好日子咋养出弱孩子"为题,关注中小学生的健康问题。文章总结说:近视、肥胖和体质下降,已经成为扼杀我国青少年身体健康的三大"杀手"。他们的心理健康更让人忧虑,本该属于孩子的灿烂笑容已经难寻少觅,而忧郁却时常挂在脸上。

问题怎样解决,作为教师,我们就要想方设法培养学生健康学习的习惯。

一、引导学生重视健康

引导学生重视健康,主要的方法就是让他们明确健康的重要性。

===演讲稿:我不做诸葛亮===

我们先来做一个游戏:

只要你愿意就可以拥有的话,你会从下面几样事物中选择什么:金钱、权力、美貌、智慧、名誉、健康。

(有的孩子问:"可以多选吗?""可以!")

（大部分小家伙几乎选了所有的选项）

"然后，请从里面减去一个！"

（有的减掉了"名誉"，有的减掉了"权力"）

"请再从里面减掉一个！"

（有的减掉了"美貌"，有的减掉了"金钱"，但是一般都留下了"健康"）

……

当只剩下最后两项的时候，我继续说："请再从里面减掉一个！"

（孩子们思索良久，最终减掉了另一个，只剩下了"健康"）

恭喜你们，今天做出了正确的选择。

的确，就像一句话说的："什么都可以有，千万别有病；什么都可以没有，不能没精神！"健康是我们人生中最重要的一位朋友。没有它，我们就不能生活！没有它，我们就不能学习、工作！没有它，我们就无法玩耍享乐！可以说，没有它，我们的一切都会成"空"！如果说我们的人生是一座富丽堂皇的高楼大厦的话，那健康就是这座大厦的基石，没有了基石，其他一切都会成为空中楼阁。

大家都知道神机妙算的诸葛亮，他是"德"与"智"的完美结合，在很多人心目中，他是智慧的化身。我们姑且不说诸葛亮和司马懿谁更聪明一点，至少有一点我们可以肯定，司马懿比诸葛亮更注重身体健康，所以笑到了最后。诸葛亮出生于公元181年，司马懿出生于公元179年，司马懿比诸葛亮还大两岁，可是诸葛亮于公元234年就去世了，司马懿去逝于公元251年。诸葛亮再怎么棋高一着，死了也万事皆空，司马懿可以说是不战而胜。人们常说："笑到最后的才是笑得最好的！"在诸葛亮与司马懿的智力战争中，司马懿笑到了最后，因为他比诸葛亮健康长寿。所以，健康才是人生中最重要的事，没有健康，一切都等于零。

有这样一个故事：

一个人常常埋怨自己贫穷。

有人问他："一千万买你的双手，你可愿意？"这人当然不愿意。

那人又问:"一千万买你的双腿,你可愿意?"这人当然不愿意。

那人又问:"一千万买你的双眼,你可愿意?"这人当然不愿意。

那人又问:"一千万买你的双耳,你可愿意?"这人当然不愿意。

……

最后,那人说:"你拥有几千万都买不到的东西,你还不富有吗?"

确实,健康是人生幸福的基础。如果没有了手,没有了脚,没有了眼睛……我们拥有再多的金钱又有什么乐趣呢?

在网络上看到这样一段话:

你虽有很多钱,却要跟医生分享,恨不恨?你拥有价值百万的豪华床,却天天失眠,气不气?你开着奔驰宝马,肚子却顶着方向盘,累不累?你蹲在几十万的马桶上,却拉不出来,难不难?你挎着名牌包,包里却装着胰岛素、降压药,苦不苦?你穿着阿玛尼出门,效果还不如身材好的人穿的地摊货,冤不冤?

这段话讲的是什么呢?讲的是一个人有很多钱,却要将其中大部分付给医生做医药费,因为他失眠、肥胖、便秘,有糖尿病、高血压……所以,大家看,不健康,再有钱的日子又怎样?我们将来可千万别走这样的路。

正如有个故事里讲的:

有一个国王喜欢金子,神仙就将他的手所触摸到的东西都变成了金子。于是,他口渴了要喝水,水变成了金子喝不了了;他饿了要吃面包,手一碰,面包又变成了金子,吃不了了;他美丽的小公主跑过来,他想抱抱她,小公主也变成了金子……

这个故事中的国王失去了正常的健康的手,再也无法享受生活,无法吃喝玩乐,无法拥抱自己可爱的女儿,无法感受亲情的美好……所以,那虽然是一双可以变金子的手,却也是一双不健康的手。你们想不想要这样一双不健康的手呢?

(孩子们齐答:"不想!")

真棒!你们比那个国王聪明一百倍。你们知道健康比什么都重要,这就够了!

二、指导学生走上健康之路

随着人们生活水平的提高,过度使用电子产品、缺乏运动、饮食细化等,使得年龄不大的小学生也出现了近视、肥胖等健康问题,值得教师注意。

1. 保护视力,防止近视

国家教育部、卫计委最新调查表明,目前,我国有4亿多近视患者,其中青少年已成"重灾区"——小学生中近视率在30%以上,中学生达70%,大学生达到90%。北京市小学、初中、高中、大学生视力不良检出率分别为43.50%、71.89%、81.89%、90.29%。

保护视力应坚持以预防为主,必须了解爱眼护眼的基本知识,改善视觉环境,培养科学用眼的卫生习惯,定期检测视力,如发现视力不良应及时到正规医院眼科检查就医和验配眼镜。

(1)养成良好的读写习惯。

①读书写字时,光线应充足,从左侧照入。不要在阳光直射下读书写字。提倡使用日光灯。

②选择高度适宜的桌椅,书桌高度以到上腹部附近为宜。

③读书写字时的姿势应正确舒适,应上体坐直、微向前倾,头不要靠近桌面,臀部和大腿分坐在椅子上,双脚平踏在地板上。做到"眼离书本一尺远,胸离书桌一拳远,手离笔尖一寸远"。

④走路时不要看书。不要在晃动的车船上看书。不躺着看书。

⑤尽量使用不反光、不透光的白色纸张或书本;尽量不用铅芯过细的

笔写作业。铅芯要软硬适中，作业用纸要洁净，书写字体不要过小。

⑥不要连续用眼，防止眼睛疲劳。一般连续用眼40分钟应适当休息。

(2) 科学用眼。

①看电视不要距离太近，应保持与电视画面对角线6~8倍距离。一般21英寸电视应保持3米距离，29英寸电视应保持4~5米距离。电视机要放在背光的地方。屏幕的高度应与看电视人的视线平行或稍低一些。

②操作电脑时，眼睛与屏幕的距离应在40~50厘米，双眼平视或轻微向下注视荧光屏，这样可使颈部肌肉放松并使眼球暴露于空气中的面积减少到最小。

③看电视、操作电脑时，环境光线应柔和适中，不应太强或太弱（12平方米的房间安装一盏40W的日光灯即可达到所需的照明度）。

④每40分钟应休息10分钟以上。休息期间，可以闭目养神或做眼保健操，也可到室外运动或向远处眺望。

⑤不玩或少玩游戏机。偶尔玩一下时，要注意眼睛与游戏机的距离不能太近，持续时间不要超过半小时。

⑥在烈日或强光下可戴太阳镜。

(3) 保护眼睛不受伤害。

①不要直视光线强烈的太阳或灯具，强烈的光线会灼伤眼睛。

②尽量不要玩耍细长尖锐的物品，以免误伤到眼睛。

(4) 给眼睛一些必要的"福利"。

①多做户外运动。经常眺望室外远方，多接触大自然的青山绿水，放松眼肌。

②保持良好的心态，减少焦虑、紧张等情绪。

③保证充足的睡眠时间，小学生每天要保证10小时的睡眠时间。

④作息应有规律，提倡早睡早起，不熬夜。

⑤合理搭配食物，不偏食，不挑食。多吃粗粮食品和富含维生素 A、B、C 以及矿物质钙、铁、锌等微量元素的食品，如胡萝卜、动物肝、蛋黄、小米、蔬菜、瓜果等，少吃甜食及精制食品。

⑥坚持做眼保健操。做眼保健操时，应注意双手保持干净，做到穴位准确、手法正确、力度适当。

（5）科学防治眼病。

①定期检查眼睛。学校每学期对视力状况进行两次检测，如出现眼红、眼痛、眼胀、视力下降等症状时，应及时到正规医院眼科做进一步的检查，并规范治疗。对不确切的治疗办法应慎重对待。

②不可自行购买眼药使用，而应在眼科医生指导下使用眼药。

（6）验配合格眼镜。

①在验配眼镜时必须进行散瞳验光。它是鉴别真性、假性近视的必要方法。因为真性、假性近视的治疗方法完全不同。假性近视不需要戴眼镜，注意眼睛休息并使用药物治疗一段时间后，一般可以恢复正常视力；真性近视则必须配戴眼镜，如果确认已患近视，要及时到正规医院眼科验光配镜。

②不要到不正规的眼镜店配镜，不可随意购买不合格的眼镜。眼镜是预防和治疗屈光不正等眼病的医疗器具。不合格的眼镜会引起多种并发症，如视力度数骤增、斜视、视疲劳、白内障、视网膜脱离等。

③不要互相借戴眼镜。每个人的屈光度数、瞳孔距离不同，互相借戴眼镜会出现眼疲劳等症状，影响视力，有害无益。

④配戴隐形眼镜要慎重。验配隐形眼镜应到正规医院眼科，应定期复查，并及时更换。隐形眼镜必须每天清洗，定期更换镜片及护理盒，戴镜时应慎用眼药水。除透气性硬性隐形眼镜外，一般的软性隐形眼镜都不能戴镜过夜。一旦感觉眼部不适，应立即停戴，并到正规医院眼科进行检查。

2. 保持健康体重，防止肥胖

每次体检，都有不少学生的体检结果里有"肥胖""超重"等字样，肥胖的儿童已经越来越多了。而肥胖对少年儿童的危害是很大的。

（1）影响孩子活泼好动的天性。 孩子一旦肥胖，由于体内脂肪比例增加，酸性代谢产物排泄不充分而蓄积量增大，就会经常感觉疲劳乏力、贪睡，不愿运动，不愿干活。又因为肥胖导致水、糖、脂肪代谢紊乱，高胰岛素血症而出现饥饿感，表现为嘴馋而且特别贪吃。这样容易导致孩子好吃懒做的恶性循环，越是肥胖，越是贪食，越是懒惰，越不愿运动，失去活泼好动的天性。

（2）影响孩子的心理健康。 肥胖还会造成孩子的体型不美观，容易被同龄人嘲笑和排挤，进而影响孩子的心理健康。据调查，在严重肥胖的青少年中，48%有中等至严重的抑郁综合征，35%有高水平焦虑。调查报告指出，超重青少年比非超重的同伴表现出更多不健康的行为，经历了更多的社会心理苦恼。超重青少年比正常体重的同伴更容易被孤立。

（3）影响孩子的智力发育。 更重要的是，过度肥胖导致呼吸系统功能下降，血液中二氧化碳浓度升高，大脑皮层缺氧，孩子学习时注意力容易不集中，影响他们的智力发育。近年来，有人对部分肥胖儿童进行智力检测，认为肥胖会使儿童的智力得不到充分发育，在学习方面，运算和思维的敏捷性处于劣势，导致动手能力、辨别能力、认识事物的能力不如普通儿童。

（4）引起多种疾病。 肥胖是重要的医学和公共健康问题。成年人的肥胖往往容易引起许多并发症。而肥胖儿童具有成年肥胖的高风险。儿童时期的肥胖容易引起如下疾病：糖尿病、代谢综合征、雄性激素过多症、心血管疾病、呼吸问题、内脏疾病、整形外科问题、皮肤病问题、神经科问题等。

专家分析，儿童肥胖率持续上升的原因，初步认定与不吃早饭、经常吃零食、偏食、营养过剩、不爱运动、遗传、精神创伤、长时间看电视等原因有关。

防止儿童肥胖，我们可以从以下几点做起：

（1）**纠正学生不良的作息习惯，鼓励学生多做运动并保证他们有运动的时间**。不随意占用体育课，保证学生体育课的正常进行；不随意拖堂，保证学生课间休息时的运动；少布置作业，保证学生其他课余时间的运动；少布置寒暑假作业，以利于学生锻炼……

（2）**纠正学生不良的饮食习惯，鼓励学生多摄入蔬菜水果，少吃甜食和油腻的动物类食品**。告诉学生不要在饭后马上睡觉，不要吃宵夜。如有条件，在学生吃午餐时，教师可适当监督，并给予一定的奖惩，让学生好好吃饭，不挑食，不暴饮暴食。

（3）**控制学生的零食**。可以规定学生不要带零食到学校吃，尤其是不能吃那种影响健康的垃圾食品。

（4）**定期给学生检测体重**。经常检测体重，可以适时给学生敲响警钟，让他们对自己的体重做到心里有底。

（5）**多举行需要好身材的比赛活动**。比如，健美操比赛、舞蹈比赛、时装表演等，使学生知道体型美也是很重要的一项生存指标。

（6）**将"体重标准"作为一项选拔标准**。比如，在挑选旗手、护旗手、主持人、舞蹈演员等时，将"体重标准"作为一项选拔标准，让学生知道体重标准的重要性。

3. 培养学生"会玩"的能力

还有些学生，不是没有玩的时间，而是缺乏玩的能力。在课余时间，他有时间玩，但是却没有去玩，因为他不会玩。

有的人也许会觉得很奇怪，难道还有孩子不会玩吗？

是的。你仔细观察观察，在一个班级中，常常有个别学生，孤零零地一个人坐在座位上，或者孤零零地一个人在旁边看着别人玩耍，没有人陪他玩。我们身边的一些大人也有这样的情况，没有朋友陪他玩，经常孤零零的，无所事事……还有些大人，也不是不想陪孩子玩，但是却不知道怎么陪孩子玩。经常有朋友喜欢将孩子交给我，让我陪着孩子疯，陪着孩子玩……

所以，玩，也是一种能力。

（1）**玩需要朋友**。一个人得有朋友，一起玩的一般都是朋友。有些孩子性格孤僻，不懂得集体生活的道理，所以，没有朋友陪他玩，他也不会主动去找别人玩。因为玩耍也是需要主动的。除了"死党"，一般很少有人强行去拖别人去玩耍，即使有，也是因为玩的时候少了人才会主动去找别人。所以，他不主动找别人玩，别人也不来找他玩，就没人和他一起玩了。

（2）**要做一个好的玩伴**。就算他主动去找别人玩，别人也不一定会跟他玩，因为别人要考虑他是不是一个好的玩伴。有的孩子唯我独尊，在玩耍的时候不懂得谦让，不懂得合作，尤其是输不起，输了就使性子。这样的孩子，别人肯定不愿意跟他一起玩。有的孩子特别不讲卫生，整天身上有股奇怪的味道，其他孩子也不愿意和他一起玩。有的孩子在玩耍的时候耍赖，不准踩线的时候偏要踩线，明明被淘汰了还不愿意退出游戏，这也导致别人不愿意跟他玩。还有的孩子，别人不让他玩游戏，他就去捣乱，结果别人更加不喜欢他，更加不愿意和他一起玩了。

（3）**要有玩的技巧**。人们常说"棋逢对手"，玩的能力要与大家相当才好，别人都玩高年级学生的游戏，他连低年级的水平都达不到，别人也肯定不愿意跟他一起玩。就像大人一般不愿意与一个连羽毛球拍都拿不稳的三岁小孩打羽毛球一样（除非那个孩子是他特别喜欢的，或者因为其他原因他愿意花时间陪伴的）。

而不会玩的学生就会缺乏运动，直接影响他们的身体健康。所以，我们需要培养学生"会玩"的能力：

（1）**培养学生交朋友的能力**。比如，教学生学会用礼貌用语，学会将自己的东西与同学分享，学会关心他人、帮助他人，学会和朋友聊天，聊对方感兴趣的话题等。

（2）**让学生学会主动找人玩**。告诉学生，当他想和大家一起玩的时候，可以主动提出要求，当然切记要有礼貌，要征求对方的同意而不是命令对方。比如："××，我可以和你们一起玩这个游戏吗？""×××，请允许我和你们一块儿玩这个游戏好吗？"而不能直接大喊："我也要玩！"（当然，"死党"除外）或者大声嚷："给我玩！不给我玩，我就捣乱！"

（3）**让学生学会在玩的时候守规则**。有的孩子在玩游戏时不遵守规则，总想舞弊让自己赢。这样的孩子，别人当然不愿意跟他玩。上学期，圆圆就跑到我这儿来说："老师，睿睿她们不和我玩！"一副理直气壮的样子。我告诉她："别人有权利不和你一起玩。如果别人不和你玩，你要想想自己的原因。为什么她们不和你一起玩？为什么她们和别人玩却不和你玩？可能是你不懂礼貌。你看看，别人不和你玩，你还来告诉老师，想让老师批评她们，这就是不懂礼貌啊！所以，她们就不和你玩了。当然，也可能是因为你不遵守游戏规则。想一想，自己哪些方面没做好，改正了，或者对她们说你会改正的，他们就会和你玩了。"结果，过了一会儿，睿睿告诉我，她们在玩游戏的时候，圆圆总去捣乱。你看，这样的孩子，别人怎么会愿意跟她玩呢？于是，我只好又专门进行了一次关于如何玩的教育，并且规定："在别人玩耍的时候捣乱的，取消 10 分钟玩耍的权利。"

（4）**培养学生输得起的心态**。有很多孩子并不是一开始别人就不愿意跟他玩，而是玩着玩着别人就不愿意跟他玩了。为什么呢？因为他输不起，在游戏中输了就大发脾气，恼羞成怒，甚至辱骂、殴打玩伴。我也曾接到过不少孩子"×××输了就打人"的"控诉"。对于这样的孩子，我会告诉他们，"胜败乃兵家常事"，不过是一场游戏而已，还会告诉他们，

"输"是游戏得以进行的必要条件,没有输赢,还有什么好玩的呢?而且规定,凡是输不起(输了就打人、骂人、捣乱)的孩子,取消 10 分钟玩耍的权利。如果下次还这样,其他孩子可以不再让他参加这个游戏。至于那些输了之后自己生闷气不影响他人的,就先随他去,慢慢地,他就会明白了。

(5)培养学生玩的技巧。有些孩子文明讲理,心态也好,可还是有人不愿意跟他一起玩,因为他玩的技巧实在太差了。不是说"不怕神一样的对手,就怕猪一样的队友"吗?有些学生的技巧实在太差,拖累了队友,导致别人不愿意和他玩。所以,我们要让学生多玩,多提升自己玩的技巧。如果有时间,我还会亲自陪孩子们玩。很多游戏,玩起来,他们肯定不是我的对手,因此,我一般会选择待在"弱势群体"这一边,帮助他们增强自信,并顺便指导他们玩的技巧。

====演讲稿:最好的医生是你自己====

有位德高望重的医生去世前说:"这世界上有四位伟大的医生,我现在告诉你们他们的名字吧。"在场的几位医生都紧张地期待着,希望听到自己的名字。这位德高望重的医生说:"这四位伟大的医生就是按时作息,合理饮食,适当运动和良好的心态。"

确实,真正伟大的医生就是"他们"四位。

第一位伟大的医生是按时作息。因为身体的运行是有一定规律的,我们不要违反这种规律,应早睡早起,该睡觉的时候睡觉。小学生要尽量保证每天 10 小时的睡眠时间,不要熬夜,不要睡到中午才起床又不吃早餐。

第二位伟大的医生是合理饮食。"民以食为天",我们需要吃东西,按时吃东西。一般情况下,一日三餐,早餐要吃饱,中餐要吃好,晚餐要吃少。不要挑食厌食,这不吃,那不吃,营养会不平衡。不要暴饮暴食,我们的胃就像一

个气球,你一下子把它撑得很大,它有可能会被撑破,即使没有撑破,它也会觉得很累。大家都知道累是一种什么感觉吧?现在食品安全问题很严重,我们要注意少吃垃圾食品。

第三位伟大的医生是适当运动。俗话说,"生命在于运动"。我们天天光吃不动,吃了睡,睡了吃,或者吃完就整天玩电脑、看电视,那样对身体不好。我们知道生活中有很多东西要用才能放得长久,老不去用,它就会生锈、变坏,用不了了。而我们的身体也要长期用,来保障它的正常运行。

第四位伟大的医生是良好的心态。我们要学会让自己保持良好的心态。俗话说,"百病生于气"。很多病都是因为心情不好而产生的,所以,我们要让自己保持良好的心情,不要动不动就生气。遇到生活中的困难,能够解决的就积极解决。不能解决的,我们可以逃避,"惹不起总躲得起";不能逃避的,我们就干脆开心接受,反正你接受也得接受,不接受也得接受。生活中的事,分为老天爷的事、别人的事和自己的事。老天爷的事,比如今天会不会下雨、会不会地震等,这些事情我们想管也管不了,因此,不用去管。别人的事,比如谁谁谁好吃懒做,谁谁谁喜欢占人小便宜,谁谁谁说了你的坏话等,这都与你无关,不用去管,你也管不了。自己的事,就努力做好!"打理好自己的事,不去管别人的事,不操心老天爷的事",这样,我们的心态就好了。

而这四位伟大的医生,实际上就是你自己的行为。可见,最好的医生其实就是你自己。大家看,"健康"的"健"字,是一个"人"字和一个"建设"的"建"字。什么意思呢?就是说,健康是靠"人"自己去好好"建设"的。怎么"建设"呢?你按时作息,合理饮食,适当运动,然后有良好的心态,你就会有健康的身体。你看医生给人看病后一般还有医嘱,嘱咐些什么呢?无非是好好睡觉,不要熬夜,不要吃夜宵,不要喝酒,不要吃冷饮,不要吃辛辣的,或者不要生气,要多运动……而这些无非就包含在按时作息、合理饮食、适当运动、心态良好这四方面。

最好的医生是你自己。如果你自己不配合,医生再怎么高明也治不好你的病。比如,你刚刚受寒感冒了,医生给你开了药,你却马上吃一大堆冰激凌、吹着冷气，感冒怎么能好呢？又如，你刚刚胃疼，医生给你开了药，你却马上吃一大堆辛辣刺激的东西，而且还暴饮暴食，将胃撑得像个气球，胃怎么能不疼呢？所以，如果你自己这位医生不配合，谁也治不好你的病。

记住了吗？最好的医生是你自己！

三、帮助学生扫除健康路上的"拦路虎"

要想培养学生健康学习的习惯，我们还要帮助他们扫除健康路上的"拦路虎"，那就是沉重的学业负担。我们应减轻学生的学习负担，让他们不用那么累，否则，即使学生个个学习姿势都是端正的、健康的，也逃不了不健康的命运。

1. 减轻作业负担

有这样一幅漫画：

一位瘦弱的女孩满头大汗地奔跑着，后面有一只老虎在追赶她。老虎身上写着"作业"两个大字。

早作业、午作业、晚作业，课堂作业、家庭作业，这些作业已经把学生逼得无路可走。

我曾亲耳听到一个小女孩说："作业太多了，我做不完，我要自杀！"不管她是真那么想还是为了吓人，这话都把我惊出一身冷汗。更可怕的是，这句话还真的在有些孩子身上变成了现实。有的孩子为了摆脱作业的"魔咒"，竟然走上了黄泉路。这虽是极少数，但是哪怕只有一例，也让人心惊胆寒；哪怕只有一例，我也觉得太多了！

更普遍的是，由于有大量的学习任务要完成，很多孩子在小学阶段就成了近视眼；由于大量的作业侵占了孩子的睡眠时间，孩子的身心健康受到了严重的影响；为了孩子的健康，一些家长不得不帮助孩子写作业，甚至全家上阵。这严重影响了孩子学习的积极性。

老师们，请别再用繁重的作业来折磨学生了！不管别人怎么做，我们至少可以做好我们可以做的这一部分——少给学生布置点作业，多给学生一分怜惜！现在的学生虽然衣食无忧，但不见得比我们这一代人的童年幸福。让我们采取好一点的方法来提高我们的教学质量，而不是采用累人的题海战术！让我们为学生的健康做点力所能及的事情吧！给学生"减负"了，学生下课时就有时间进行体育锻炼了，再加上"不霸占学生的体育课""督促学生做好'两操'""多和学生一起锻炼"等，我们还是可以将学生培养得健健康康的！我相信，我们谁也不想把"东亚病夫"的"光荣称号"再领回来！

2. 少点强制参与的活动

现在的学生不是缺乏活动，而是活动太多，太丰富多彩，多到让有些老师和学生都觉得累的地步。往往一个学期下来，各种各样的演讲比赛，各种级别、各种内容的手抄报比赛，各种不同层次的作文比赛，各种各样的艺术竞赛……上到中央的、省级的、市级的，下到区级的、镇级的、社区的、校级的、班级的，一个学期下来，各种各样的活动多达几十上百个。

我不反对活动，但我反对那些强迫性的活动，动则就全班学生参加，动则分配到哪个校哪个班多少人，动则符合某条件的必须参加。这样一来，活动就失去了自愿的色彩，有些不愿参加的学生也被迫参与进来。活动本是为了让学生开心学习的，如此强迫就使活动失去了本来的意义。

一个学期下来，那些优秀的学生几乎没有空闲的时候。因为不少优秀生往往各方面表现都不错，为了获奖率，为了指导老师的荣誉证书，负责各项比赛的老师都会指定那些优秀生参加各种活动。这样一来，优秀生几乎一年到头都在为这些活动忙碌着……

一次，一个已经得过不少手抄报奖励的学生问我："老师，这次班上的板报设计，我可不可以不认真去设计，只完成任务就好？"我说："没关系

呀！你已经得过不少奖了，这次休息休息，把机会让给别人也挺好。而且，这世界上的活动很多，你不可能每个活动都去参加，每个活动的奖项你都想拿。你能够选择性地参加活动，说明你已经懂得了在生活中如何给自己减压，非常棒！"她高兴地走了。后来，我在班上又把这番话讲了一遍，希望让学生知道，上级或老师举行各种活动的目的是为了使他们的生活丰富多彩，也是为了发现人才，但是，并不是每个人都需要参加每一项活动，如果觉得活动太多，可以选择性地参加。

事实上，有些老师却不一定是这样做的。为了完成上级交待的任务，为了让自己成为优秀的指导老师，一些老师就不厌其烦地强迫学生不停地参加各项比赛。殊不知，这对学生来说也是一种不小的负担，许多学生是"敢怒不敢言"。

我觉得，活动是要开展的，但同一类活动不宜过多，有些活动一个学期举办一次甚至一个学年举办一次就够了。另外，尽量不要强迫学生参加，多采取自愿报名的方式，不要给学生增加一些不必要的负担。

【附录】 "多元学习之星" 评选细则

①每次体检结束后，无龋齿、无近视、体重正常的，根据其他各项身体指标，前 n 名为"健康之星"。

②每日检查，个人卫生状况良好，服装整洁，坐、立、行走姿势端正；语言文明礼貌；不捣乱；不主动挑起纠纷的，为"文明礼仪标兵"。

③不说谎；主动承认错误；承诺他人的及时做到，因各种原因不能做到能及时、诚恳道歉的，为"诚信之星"。

④明辨是非，善解人意，不胡搅蛮缠的，为"明理之星"。

⑤热爱劳动，主动承担劳动任务，劳动能力强、效果好的，为"劳动之星"。

⑥自己处理自己的事情，不动不动找老师；在外出活动等场合能照顾好自己，不出状况的，为"自立之星"。

⑦担任班干部，工作负责，能较好地管理好学生，能主动处理自己负责范围内突发事件的，为"管理之星"或"优秀班干部"。

⑧乐于助人，积极奉献爱心的，为"公益之星"或"学雷锋标兵"。

⑨全面发展，堪称楷模的，为"全面发展小榜样"。

后 记

我是"受命于危难之际"被动接受"小学生良好学习习惯的培养研究"这个课题的。虽然不习惯埋怨，但是最开始，也没有太多的热情，就是平平常常去完成一个任务而已。因为以前我一直认为，只有让课堂变得有趣才是"高大上"的课题，"小学生良好学习习惯的培养研究"实在是太普通的课题。

尽管如此，认真做事是我的习惯，为了完成任务，我不得不思考、探索、实验、实践。慢慢地，我尝到了培养学生学习习惯的甜头，这才发现，最基本的往往也是最重要的。没有好习惯，其他一切都是英雄无用武之地。让我没想到的是，我就这样爱上了它，而且有相见恨晚的感觉。

记得课题开题报告的时候，我唱了一句"我只想唱这一首老情歌"，并且说："培养小学生良好的学习习惯，是一个古老的课题，但是今天，我却只想唱这一首老情歌。"正是"这首老情歌"，让我明白了一个道理，"高大上"的东西固然重要，而最重要的仍然是那些最基本的。就像爱情，浪漫固然是"高大上"的，可单有浪漫，没有基本的物质基础，也不能维持爱情的长久。

研究这个课题，让我进入了前所未有的教学境界。

以前，我也能凭着自己的幽默和亲切俘获很多学生的欢心，但是，总还有一些缺乏自制力的学生只在我"趣味横生"时看着我，他们不会反抗我，却也没有那种发自内心的心悦诚服。以前，有不少学生在上课时不太

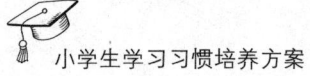

遵守纪律，虽会接受我的批评，"诚心认错就是不改"的却也不少。以前，我也用尽各种趣味教学法吸引学生的眼光，然而，对于某些学生来说，再有趣的学习也比不上电子游戏。以前，我也运用了不少培养学生养成好习惯的方法，但毕竟不像做课题这样系统全面……

现在，当我制定了各种学习习惯的评价细则之后，上课不遵守纪律的学生变得很少了，学生的学习效果有了一定的提高，学生对学习的态度也好多了，而且，学生创新学习的意识也增强了，常常给我很多惊喜，让我觉得教育是一件快乐的事情。

在做这个课题的过程中，如果要在学生里找出一个"主角"的话，那就是迪迪。感谢这个课题研究，让我成功"收服"了迪迪。学校有两个快退休的老师原本打算"轻轻松松"地接迪迪所在的这个一年级班，但后来了解了迪迪的所作所为后就退却了。而我，虽是没得选择的选择，但多年的教学经验也在鼓励我："没事！不就一个小屁孩嘛！能翻起什么大浪！"

也许是我关怀的眼神和亲切的笑容"镇住了他"，第一周相安无事；第二周，我的好习惯评价细则正式起作用，第一轮得奖的没有他，他自个儿发脾气，我没有哄他，只是旁敲侧击地告诉所有学生"只有表现好才有奖状"这样一个"真理"。第一个回合，我赢了。

第二个回合，就是他堵住门不让圆圆进去的那回。见到他的时候，他也是那种"惊天动地"的架势，我一点都没有慌（我不得不感谢我写过的那些书，在写书的过程中，我进行了很多思考，也锻炼了我绝好的心理承受能力，换做十几年前，遇到这样的学生，我可能干脆和他来个"哭鼻子比赛"了），"你先不对必须先道歉"，我坚持着我的原则，我又赢了。

虽然后面还有几次"交锋"，但我从没有输过。而且每一次都"解决"了他的一个坏习惯。慢慢地，他似乎比其他孩子更可爱了！早晨，他会笑眯眯地向我问好："波波老师，早上好！"放学的时候，他会微笑着对我说："波波老师，再见！"有时候还是："亲爱的波波老师，再见！"

不仅如此，他还能慢慢经受一些挫折了。

一次，他在玩游戏时被人撞倒了，居然没有哭闹。我表扬他"很坚强""懂道理"。我问他是怎么回事。他说是在和××玩游戏时被撞倒了。我以为他又会像以前一样要对方"赔钱！赔一万块钱"。可是他什么也没说就又去玩了。

后来上课的时候，我大大地表扬了他的进步："迪迪真的很坚强，摔倒了没有哭鼻子。因为老师说过，受伤了就要告诉老师，老师会帮你们处理，哭鼻子不但不能止痛，还会更痛，要是泪水流到伤口上，那就会痛上加痛了。你们看迪迪好坚强！不仅如此，迪迪还变得通情达理了，没有去找对方麻烦。因为老师说过，玩游戏的时候难免会发生磕磕碰碰。如果不想磕磕碰碰，只有一个办法，那就是不玩。如果谁玩游戏的时候被碰到了就去找对方麻烦，那以后别人就不敢和他玩了。迪迪非常听老师的话，是大家的好榜样。"

可是，上着上着课，我忽然发现他的头发里居然流血了。于是，我赶紧一边帮他处理，一边问他为什么不早说。可能他当时也不知道流血了吧。我又对孩子们说："迪迪都流血了，肯定是非常疼，但迪迪却没有哭。你们看迪迪多坚强！不过，以后要是发现自己流血了，一定要赶快告诉老师！"

后来，他又经历过几次摔倒之类的事情，有时候是把手弄脏了，有时候是把衣服弄脏了，一般是我帮他处理或者让他自己处理好即可，再也没有"赔一万块钱"的事了。有一次，他告诉我，有人（外班一个特殊的学生）往他身上吐痰。我说："我会告诉他的班主任批评他的。"这样，他就跑开了。要是一年前，一个是"跟他说不清"的，另一个也是"跟他说不清"的，那就够两个班主任伤脑筋了。而现在，事情就这么轻描淡写地过去了。可见迪迪的变化有多大。

不仅如此，他在上课时还常常是坐得最好的。每次上课班长喊"起立"后，我都会说："看谁态度最好？"他站得很好。每次班长喊"请坐下"后，我也会说:"看谁态度最好?"他也是坐得最端正的学生之一。回答问题时,他同样是很积极的一个,而且高难度或有创意的答案常常出自他口……

"驯服"了他,我的心更踏实了——以前,遇到一些特别棘手的学生,我有过不想当老师的冲动,但是,与迪迪打交道的经历告诉我,只要你不停地找方法,只要你找对了方法,困难就可以迎刃而解。感谢迪迪!我让你成长了,而你也让我成长了!

虽然这本书缘起于一个课题,但通过这个课题,却让我非常受益,同样也希望阅读过这本书的你也能同样获益,在帮助学生养成好习惯的同时也能解放自己,做一个会"偷懒"的老师。

黄 波

2014 年 7 月

万千教育 基础教育类书目

书号	书名	著、译者	定价(元)
小学学科教学系列			
0681	小学创意写作	郭学萍 著	42.00
9981	让数学变得好玩——小学一二年级数学课堂游戏88例	陈燕云 主编	45.00
9931	经典绘本阅读与创意教学（二年级分册）	顾舟群 著	30.00
9932	经典绘本阅读与创意教学（一年级分册）	顾舟群 著	30.00
8872	钱守旺的小学数学教学主张	钱守旺 著	35.00
7982	小学英语课堂游戏集中营	贺 杰 著	28.00
7870	趣味识字教学	黄 波 编著	28.00
7869	小学作文教学设计方案53例	黄 波 著	30.00
7590	我的迷人"语"秘书——小学语文趣味教学12法	黄 波 编著	28.00
7482	方利民快乐作文教学26招	方利民 著	26.00
小学学科教学系列合计			322.00
小学班主任专业技能			
1196	小学班主任与家长沟通之道——心与心的交流	许丹红 著	36.00

8266	小学班主任的78个临场应变技巧	许丹红 著	32.00
9555	打造小学卓越班级的38个策略	许丹红 著	30.00
0699	好班是怎样炼成的 ——小学班主任班级建设之道	谢云 主编	40.00
0672	正思维、正能量和正教育 ——魅力班主任的幸福教育生活	钱碧玉 著	36.00
9764	缔造完美教室 ——小学班本课程的开发与实践	李亚敏 刘娟 著	39.00
9574	小学家校沟通的艺术	王怀玉 著	35.00
9935	写给少先队辅导员的41条建议	许其龙 著	35.00
7798	优秀少先队辅导员的八项修炼	谢金土 等 编著	26.00
小学班主任专业技能合计			309.00
班主任工作理念与方法			
2204	做一个会"偷懒"的班主任（第二版）	郑学志 著	48.00
1708	怎样教授道德才有效 ——德育心理学家给教师的建议	杨韶刚 等 译	48.00
1709	学生特殊问题发现与应对 ——给普通教师的建议	昝飞 等 著	48.00
7318	与学生家长"过招" ——班主任的家长工作艺术和技巧	郑学志 著	26.00
7316	把班级还给学生 ——班集体建设与管理的创新艺术	郑立平 著	26.00
7319	班主任工作的55个"鬼点子"	刘坚新 等 编著	26.00
7344	遭遇问题学生 ——问题学生的教育与转化技巧	万玮 编著	25.00

……
欲了解更多图书信息，请登录：www.wqedu.com
联系地址：北京市西城区三里河路6号院2号楼213室　万千教育
咨询电话：010-65181109，65262933

*本目录定价如有错误或变动，以实际出书为准。